Fotografieren mit Schwarzweißfilm

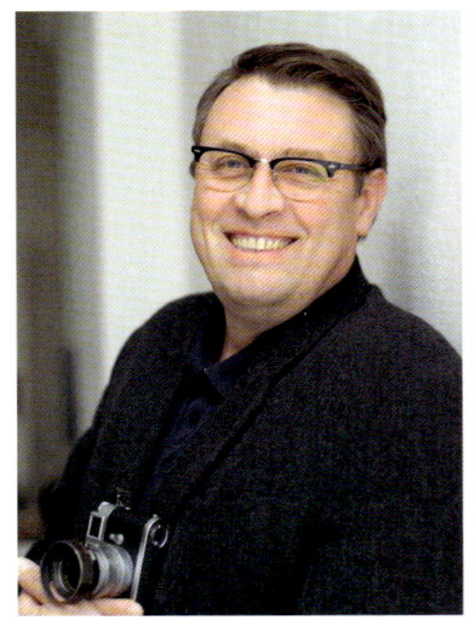

1967 in Calw geboren, fotografiert Rainer Wohlfahrt seit seinem 13. Lebensjahr. Nach Abitur, Zivildienst und Abschluss des Studiums der Visuellen Kommunikation an der FH Dortmund mit dem Schwerpunkt »Fotografie/Bildjournalismus« arbeitete er eine zeitlang als freier Fotograf für verschiedene Publikationen, bis er 1998 als Vertragsfotograf bei der F.A.Z. landete und dort über 20 Jahre lang blieb.

Obwohl die digitale Fotografie in den letzten Jahren beruflich weitgehend ohne Alternative war, fotografierte Wohlfahrt parallel dazu immer analog – alles, was ihm wichtig erschien, hielt er zusätzlich oder ausschließlich auf Film fest, meistens in Schwarzweiß. Für den privaten Gebrauch fotografiert er nur analog.

Rainer Wohlfahrt

Fotografieren mit Schwarzweißfilm

Der Praxisleitfaden von Kamerakauf bis Dunkelkammer

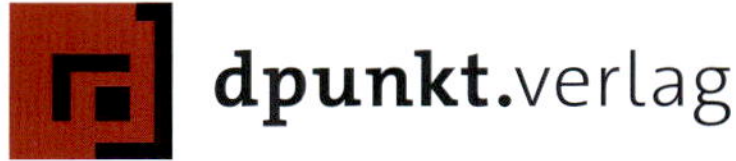

dpunkt.verlag

Rainer Wohlfahrt

Lektorat: Boris Karnikowski
Copy-Editing: Sofie Lichtenstein
Layout und Satz: Veronika Schnabel
Herstellung: Stefanie Weidner
Umschlaggestaltung: Helmut Kraus, *www.exclam.de*
Druck und Bindung: mediaprint solutions GmbH, 33100 Paderborn

Bibliografische Information der Deutschen Nationalbibliothek
Die Deutsche Nationalbibliothek verzeichnet diese Publikation in der Deutschen Nationalbibliografie; detaillierte bibliografische Daten sind im Internet über *http://dnb.d-nb.de* abrufbar.

ISBN:
Print 978-3-86490-824-8
PDF 978-3-96910-137-7
ePub 978-3-96910-138-4
mobi 978-3-96910-139-1

1. Auflage 2021

Wieblinger Weg 17
69123 Heidelberg

Hinweis:
Der Umwelt zuliebe verzichten wir auf die Einschweißfolie.

Schreiben Sie uns:
Falls Sie Anregungen, Wünsche und Kommentare haben, lassen Sie es uns wissen: hallo@dpunkt.de.

5 4 3 2 1 0

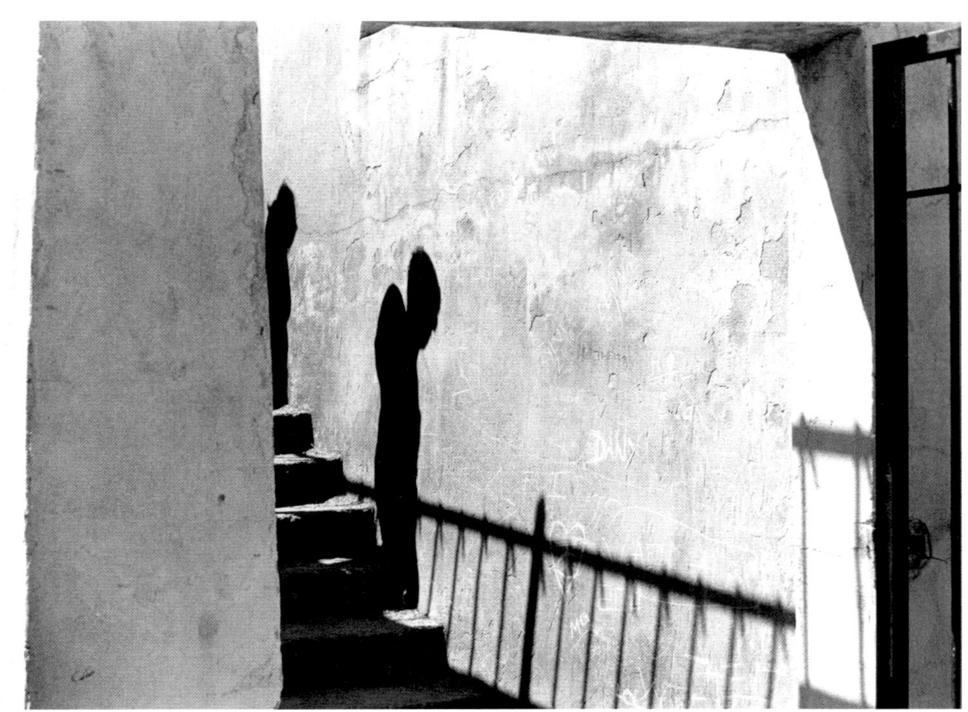

tenspiele, Korsika, 2010. Leica, 35 mm, Agfa APX 100

INHALTSVERZEICHNIS

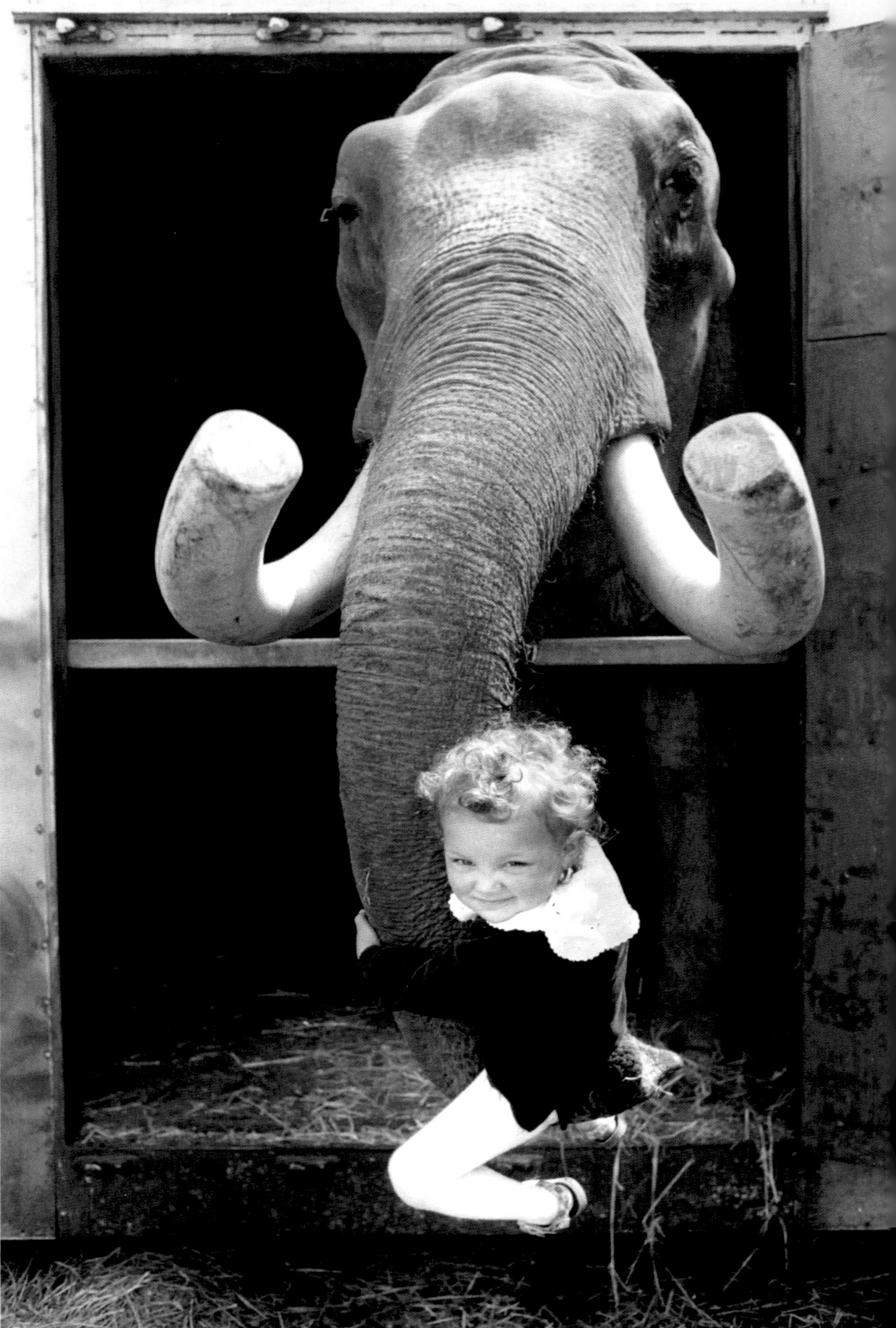

VORWORT

Mit diesem Handbuch möchte ich Ihnen den Einstieg in die analoge Schwarzweißfotografie erleichtern, vom Kauf der Kamera bis zur vollendeten Vergrößerung. Ich vermittele Ihnen darin nur das unbedingt Wissenswerte, sodass Sie nach der Lektüre in der Lage sein werden, Ihre SW-Filme selbst zu entwickeln und zu vergrößern. Tatsächlich ist das hierfür benötigte Grundwissen relativ überschaubar, ebenso der finanzielle Aufwand, da viele der benötigten Geräte gebraucht gekauft werden können.

Sie werden hier keine Erklärungen zur Handhabung von Kameras oder zu fotografischen Grundregeln finden. Dies ist kein Lehrbuch über Fotografie, sondern eine unkomplizierte Anleitung, um auf analogem Weg zu einem klassischen, selbst gemachten Schwarzweißbild zu kommen.

Zirkuskind, Unna, 1997.
Leica, 40 mm, Kodak T-Max 400

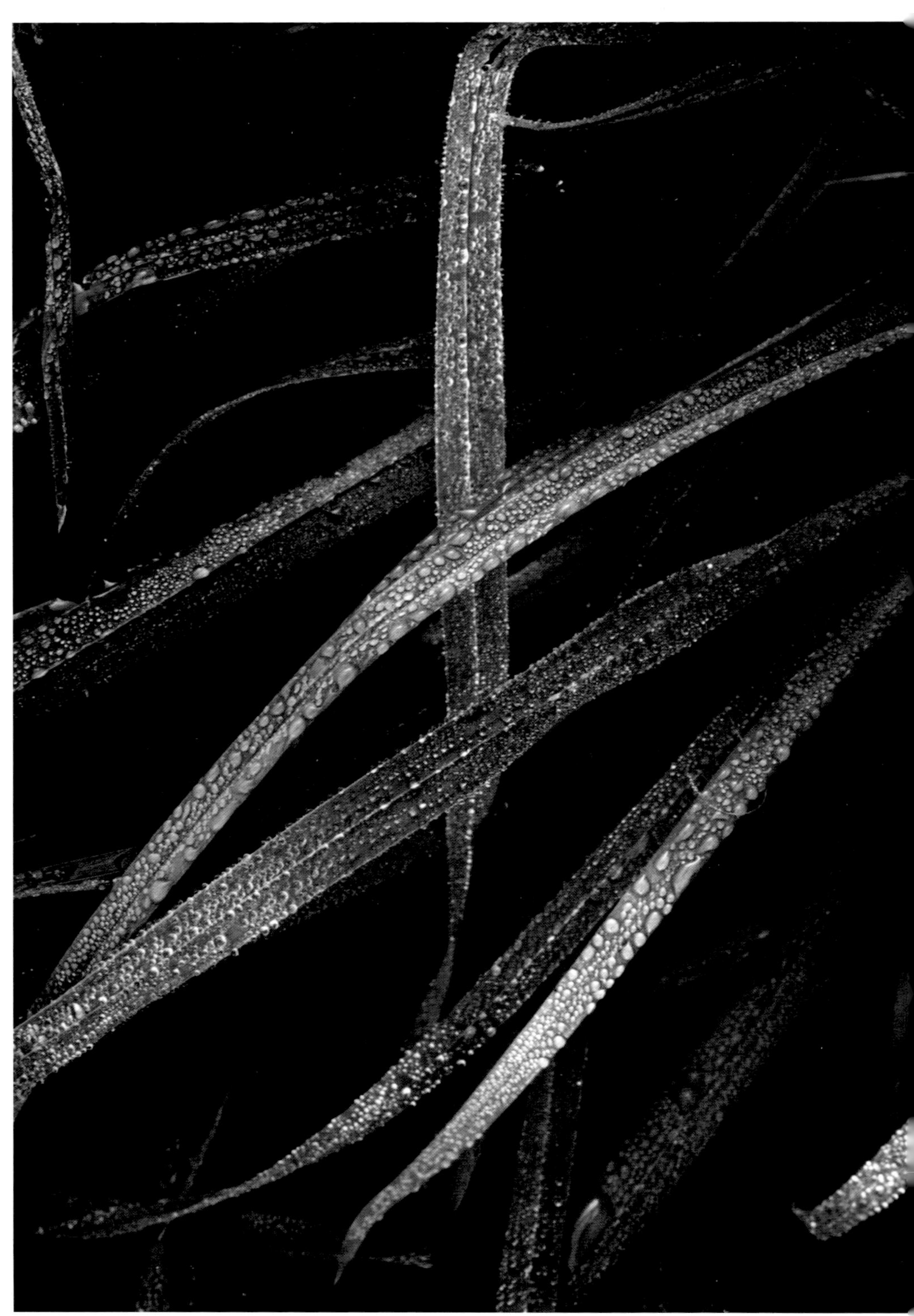

Abbildung 1.1: Gräser mit Tau, Walkersbach, 2004. Linhof, 150 mm, Ilford FP4

1

DIE KAMERA

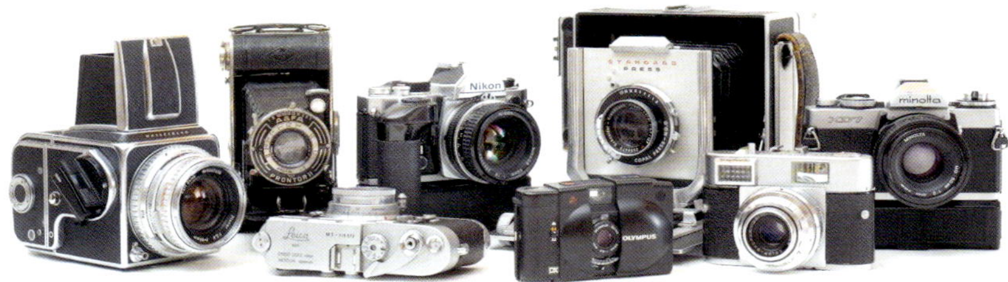

Sollten Sie bereits eine passende Kamera besitzen, können Sie die folgenden zwei Kapitel überspringen. Für alle anderen bedeutet der erste Schritt in die analoge Fotografie den Erwerb eines geeigneten Fotoapparates. Lässt man den in letzter Zeit boomenden Markt der Sofortbildkameras außer Acht, ist das Angebot an neuen Analogkameras eher überschaubar und im Allgemeinen auch recht teuer. Die Suche nach einer gebrauchten Kamera erscheint daher sinnvoll, und hierfür gibt es glücklicherweise einen großen Markt.

Fragen Sie auch bei Verwandten und Bekannten nach – mit etwas Glück haben Sie hier schon Erfolg.

Auch die Suche auf Flohmärkten oder in den Regalen von Recyclinghofläden kann erfolgreich sein. Wenn Sie sich allerdings bereits auf eine bestimmte Marke oder ein besonderes Modell festgelegt haben, suchen Sie am besten von Anfang an in den wenigen Fotoläden, die Gebrauchtwaren verkaufen, oder bei Onlineanbietern. Der Einkauf beim Händler hat den Vorteil, dass wegen der Gewährleistungspflicht für gebrauchte Artikel die Möglichkeit besteht, eine beschädigte Kamera zurück zu geben – diese entfällt bei Privatverkäufen, bei denen der Käufer das alleinige Risiko trägt.

SO PRÜFEN SIE GEBRAUCHTE KAMERAS

Die wichtigste Eigenschaft, die Ihre neue Kamera vor allen anderen haben soll, ist ihre einwandfreie und dauerhafte Funktionsfähigkeit. Für Informationen über klassische Kameras ist das Internet eine gute Quelle. Dort finden Sie in den meisten Fällen auch Aufschluss darüber, welche bekannten technischen Schwachstellen einzelne Modelle haben können.

Da es nach wie vor Werkstätten gibt, die in der Lage sind, ältere Kameras zu reparieren, muss der preiswerte Ankauf einer defekten Kamera kein Fehler sein. Ärgerlich wird es aber, wenn der Fotoapparat beim Kauf bereits kostspielig war und die Reparatur ihn nochmals übermäßig verteuert und sich im schlechtesten Fall dann herausstellt, dass er gar nicht mehr in Stand gesetzt werden kann. Elektronisch gesteuerte Kameras sind oftmals aus Mangel an Ersatzteilen nicht mehr zu retten, rein mechanisch funktionierende hingegen schon, weil es bei vielen von ihnen mit ein wenig Justage, Reinigung und Schmierung an den richtigen Stellen bereits getan ist. Mechanische Kameras werden öfter durch seltenen Gebrauch und den daraus resultierenden verharzten Fetten unbrauchbar als durch Überbeanspruchung.

Vergessen Sie auch nicht, dass viele der in Frage kommenden Kameras mittlerweile zwischen 20 und 50 Jahre alt sind und nicht allen das Altern gut bekommen ist. Bei einem Neukauf sollte naturgemäß alles funktionieren. Bei einer gebrauchten Kamera müssen Sie hingegen ihre Funktion überprüfen, und das ist gar nicht so kompliziert.

Grundsätzlich sollen sich alle Einstellelemente leicht und spielfrei bewegen lassen. Bei Kameras mit einem Balgen darf dieser nicht löchrig oder spröde sein. Mit geöffneter Kamerarückwand überprüfen Sie, ob der Verschluss unbeschädigt ist und sich bei allen Belichtungszeiten plausibel öffnet und schließt. Das Objektiv muss, auf unendlich eingestellt, weit entfernte Objekte im Sucher scharf wiedergeben. Der Sucher selbst sollte klar und sauber sein. Mit eingelegter Batterie müssen alle Anzeigen im Sucher funktionieren und eventuell vorhandene

Automatikeinstellungen das machen, wofür sie gedacht sind. Vor dem Einlegen einer neuen Batterie schauen Sie nach, ob das Batteriefach sauber ist. Manch vergessene Batterie befindet sich darin seit Jahrzehnten und ist mit der Zeit ausgelaufen, was zu verschmutzten oder korrodierten Kontakten führt. Bisweilen ist dies durch eine einfache Reinigung zu beheben, oft bewirkt es bei der Kamera aber einen Totalschaden. Einige Fotoapparate benötigen Batterien, die heute nicht mehr erhältlich sind. Rein mechanische Modelle lassen sich im Gegensatz zu den elektronischen unter Verzicht auf den eingebauten Belichtungsmesser auch ohne Batterie benutzen. Mehr Spaß macht es allerdings, wenn alles funktioniert wie vorgesehen. In diesem Fall müssen Sie sich dann nach einer Adapterlösung umsehen oder die Kamera in einer Fachwerkstatt für die Nutzung moderner Batterie umbauen lassen. Alternativ zu den verbotenen, auf Quecksilber basierenden Batterien gibt es mittlerweile Zink-Luft-Batterien mit der entsprechenden Spannung und in der richtigen Größe wieder neu zu kaufen.

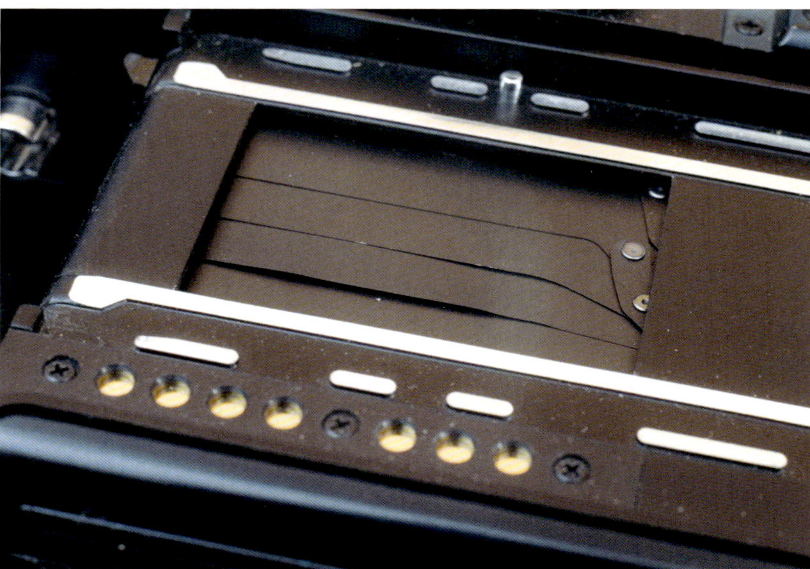

Abbildung 1.2: Den Lamellen dieses Verschlusses ist nicht mehr unbedingt zu vertrauen.

Unbedingt prüfen sollten Sie – so vorhanden – den Zustand der Lichtdichtungen im Bereich der Rückwandklappe. Bei Spiegelreflexkameras betrifft dies zusätzlich den Spiegeldämpfer (ein kleiner Streifen aus Schaumstoff unterhalb der Mattscheibe, an den der hochgeklappte Spiegel anschlägt). Diese Teile bestehen häufig aus einem Schaumstoffmaterial, das mit den Jahren schmierig-klebrig oder bröselig werden kann und ausgetauscht werden sollte. Ein sich auflösender Spiegeldämpfer kann zu einer hässlichen und nur schwer zu reinigenden Verschmutzung des Spiegels oder der Mattscheibe führen. Das ist unschön, mitunter störend, wirkt sich aber nicht auf die Bilder aus. Im Bereich der Rückwand kann eine fehlerhafte Lichtdichtung allerdings zu einem Lichteinfall führen, der den Film verschleiert oder komplett unbrauchbar macht. Je neuer eine Kamera ist, desto seltener wird dieses Problem auftreten. Kameras aus den 70er oder 80er Jahren leiden aber fast alle darunter. Glücklicherweise lassen sich diese Schaumstoffteile mit etwas Geschick selbst auswechseln. Für viele Modelle können

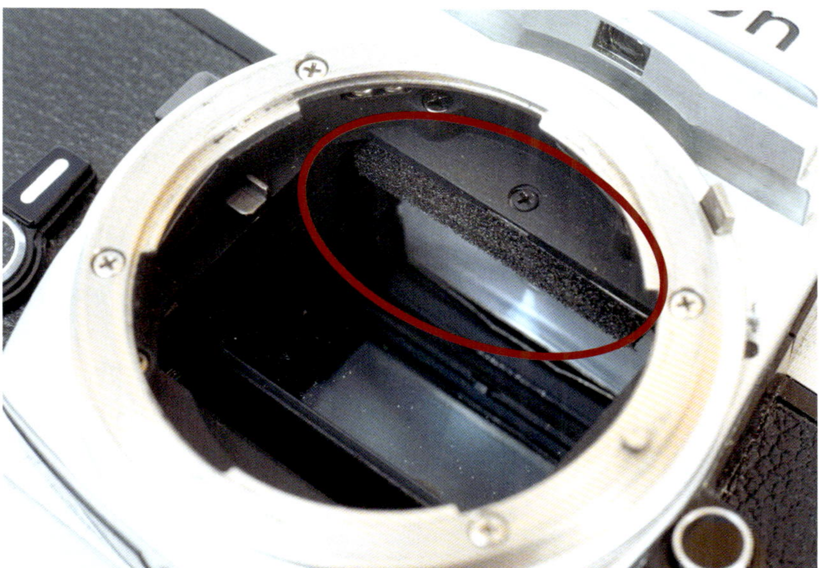

Abbildung 1.3: So sieht ein intakter Spiegeldämpfer aus.

Sie im Internet bereits passend geschnittenen Ersatz kaufen, und zahlreiche Kamerawerkstätten übernehmen für einen meist überschaubaren Betrag diese Arbeit für alle, die sie sich nicht selbst zutrauen.

Wenn die ersten Prüfungen bereits ein gutes Bild vom technischen Zustand einer Kamera ergeben, machen Sie die abschließenden Tests mit einem eingelegten Film, der ruhig alt und abgelaufen sein kann. Überprüfen Sie zuerst den korrekten Verschlussablauf, indem Sie mit den meisten zur Verfügung stehenden Verschlusszeiten ein Bild machen – also von der kürzesten Zeit bis zur 1/8 Sekunde.

Längere Belichtungszeiten als diese können Sie bei geöffneter Rückwand ganz gut ohne Film testen, denn ab der 1/8 Sekunde sind die Abläufe so langsam, dass auch Ihre Augen noch mitkommen.

Das Bildfeld sollte sich komplett öffnen, tut es das nicht, liegt ein Problem mit dem Verschluss vor. Mit diesen Testbelichtungen prüfen Sie gleichzeitig die Präzision der Scharfeinstellung: Fotografieren Sie mit möglichst weit geöffneter Blende Gegenstände aus kurzer, mittlerer und großer Distanz. Das zeigt Ihnen, ob die im Sucher eingestellte Entfernung tatsächlich mit der im Bild festgehaltenen übereinstimmt und ob ein gegebenenfalls vorhandener Autofokus ordnungsgemäß funktioniert.

Nach der Entwicklung betrachten Sie den Testfilm auf einem Leuchtkasten oder halten ihn gegen ein Fenster. Vergrößerungen oder Scans sind nicht nur überflüssig, sondern sogar kontraproduktiv, da eine sichere Beurteilung nur am Negativ selbst möglich ist. Alle Negative sollten korrekt belichtet sein und immer den gleichen Abstand zueinander haben, ohne sich zu überlappen.

Einen Fremdlichteinfall erkennen Sie daran, dass der Film auch außerhalb des eigentlichen Bildes, im Bereich seiner Perforation, Belichtungsspuren zeigt. Dies deutet auf defekte Lichtdichtungen der Rückwand hin.

Ungleichmäßigkeiten oder Abschattungen ausschließlich im Bereich des Negativs selbst deuten auf einen fehlerhaften Verschlussablauf hin.

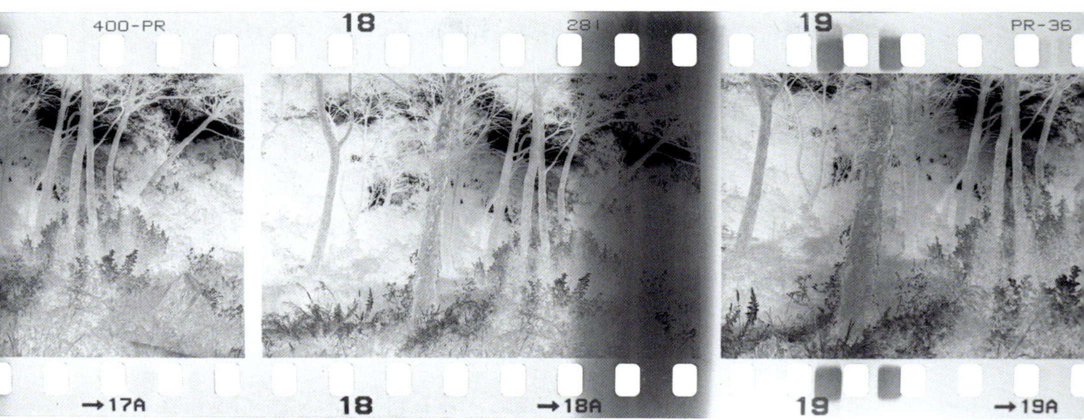

Abbildung 1.4: Dieser Negativstreifen zeigt die Schäden eines Lichteinfalls, der auf eine defekte Rückwanddichtung zurück zu führen ist.

Zur Beurteilung der Schärfe der Testnegative benutzen Sie am besten einen sogenannten »Fadenzähler« (das ist eine kleine Lupe mit Standfuß, wie sie auch auf dem Buchcover abgebildet ist). Alternativ können Sie auch das Standardobjektiv der Kamera nehmen. Die Schärfe sollte genau auf dem beim Fotografieren eingestellten Punkt liegen. Ist dem nicht so, ist das Suchersystem dejustiert. Dieser Defekt findet sich oft bei Sucherkameras, manchmal können davon aber auch Spiegelreflexkameras betroffen sein. Finden sich auf Ihren Testnegativen keine Auffälligkeiten, können Sie davon ausgehen, dass alles in Ordnung ist.

Abgesehen davon ist der Kamerakauf reine Geschmackssache und hängt sehr stark von persönlichen Vorlieben ab. Wenn eine Kamera Ihnen optisch gefällt und sich gut anfühlt, sollte das in Ihre Kaufentscheidung einfließen – wirklich gute Produkte haben auch immer ein gutes Design. Entscheidend ist der technische Zustand. Ein bekannter Markenname ist kein Schutz vor Fehlfunktionen, hat aber im Falle einer Reparatur mitunter den Vorteil, dass ein Defekt eher behoben werden kann oder ein Ersatzteil leichter zu finden ist als bei einem selten produzierten Exoten. Trotzdem: Es finden sich heute noch zuverlässig arbeitende Kameras von weniger bekannten, heute schon fast vergessenen Herstellern und ganze Baureihen namhafter Marken, die nicht mehr richtig funktionieren.

Das Alter einer Kamera spielt eine geringere Rolle als ihr regelmäßiger Gebrauch. Eine Kamera, die seit 50 Jahren immer wieder benutzt wurde, ist vermutlich in einem besseren Zustand als ein seit 20 Jahren unbenutztes Exemplar. Verantwortlich dafür sind Schmierfette, die bei seltener Benutzung aushärten und verharzen und dadurch die Funktionsabläufe der Kameramechanik empfindlich stören können.

Aus diesem Grund sind auch Kameras, die nach muffigem Keller riechen, mit äußerster Vorsicht zu genießen. Derartige Bedingungen sind zur Lagerung eines Präzisionsinstruments sehr ungünstig, zudem fördert das Klima vieler Keller die Entstehung von Pilzen, die gerne und irreversibel die Glasflächen von Objektiven und Kameras angreifen und beschädigen.

IN WELCHEM FILMFORMAT WOLLEN SIE FOTOGRAFIEREN?

Bei der Wahl des Fotoapparates steht zu Anfang die Entscheidung über das Filmformat, in dem Sie fotografieren wollen.

Je größer das Filmformat ist, desto größer muss auch die entsprechende Kamera sein und umso aufwendiger wird das Fotografieren. Großbildkameras sind nur selten ohne Stativ zu benutzen, Mittelformatkameras schon eher. Volle Beweglichkeit, Schnelligkeit und Unauffälligkeit bietet allerdings erst die Kleinbildkamera. Dies ist der Nachteil der großen Formate.

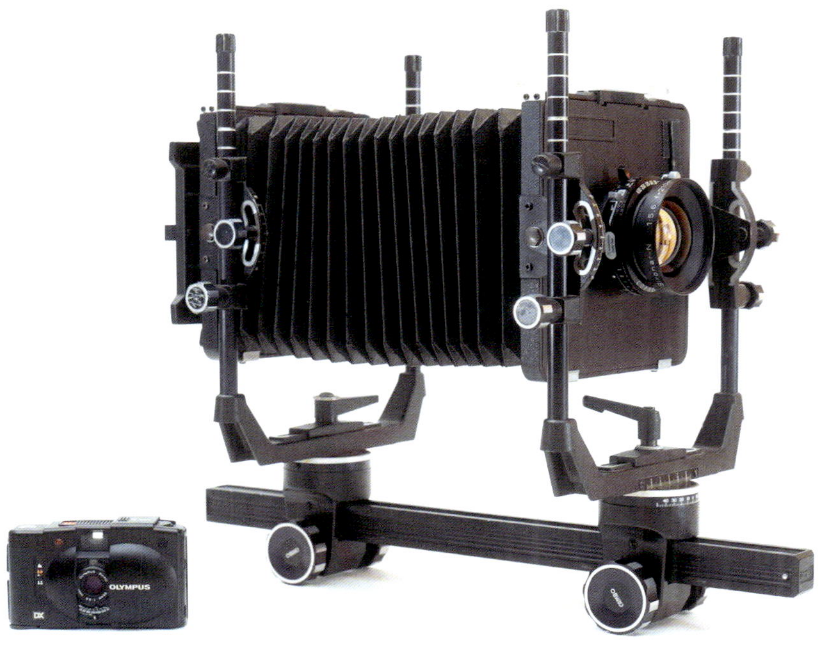

Abbildung 1.5: Der Vergleich einer extrem auf Kompaktheit konstruierten Kleinbildkamera mit einer Großbildkamera zeigt deutlich den Unterschied zwischen kleinem und großem Format.

Je größer das Filmformat ist, umso höher ist auch die technische Qualität des Negativs bezüglich seiner Vergrößerungsfähigkeit. Denn um eine Vergrößerung von 18 × 24 cm zu erreichen, muss ein Kleinbildnegativ gut sieben Mal, ein Mittelformatnegativ knapp drei Mal, ein 9 × 12-cm-Negativ nur zwei Mal und ein 18 × 24-cm-Negativ überhaupt nicht vergrößert werden.

Je geringer der Vergrößerungsfaktor eines Fotos ist, umso weniger machen sich Störungen im Negativ wie Korn, Kratzer oder Unschärfen bemerkbar. Staubkörner oder Flusen, die beim Vergrößern selbst entstehen können, sind ebenfalls weniger sichtbar. Vergrößern Sie also ein 9 × 12-cm-Negativ sieben Mal, erhalten Sie ein Bild von gut 60 × 80 cm in derselben technischen Qualität wie das 18 × 24-cm-Bild vom Kleinbildnegativ. Dies ist der Vorteil der größeren Formate.

Kleinbildfilm (35 mm)

Der »35 mm-«, »135er-« oder »Kleinbildfilm« wird meistens im Format 24 × 36 mm belichtet. Manche Kameras machen daraus aber auch Negative der Größe 24 × 24 mm oder 18 × 24 mm. Es gibt Filmlängen mit 12, 24 oder 36 Bildern und Meterware von 17 Metern und 30,5 Metern zum Selbstkonfektionieren.

Nach der Belichtung des letzten Bildes wird der Film wieder in die Patrone zurückgespult.

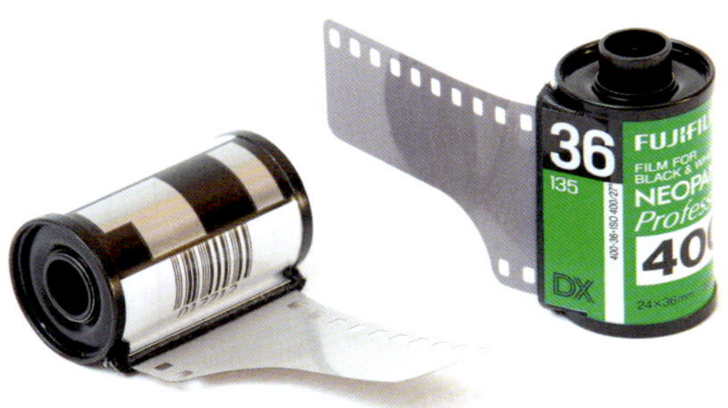

Abbildung 1.6: Kleinbildfilmpatronen

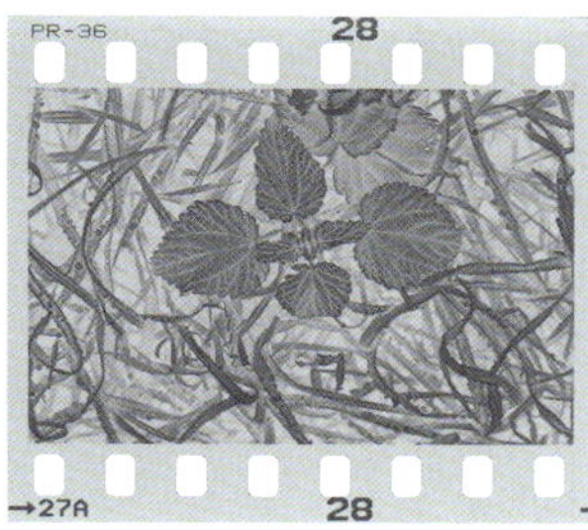

Abbildung 1.7:
Kleinbildnegativ 24 × 36 mm

Rollfilm (6 × 6, 6 × 7, 6 × 9 cm)

Der »Typ 120-«, »Mittelformat«- oder »Rollfilm« wird je nach Kamera in den Formaten 4,5 × 6 cm (16 Bilder), 6 × 6 cm (12 Bilder), 6 × 7 cm (10 Bilder) oder 6 × 9 cm (8 Bilder) belichtet. Manche Panoramakameras belichten Filmformate bis zu 6 × 17 cm. Diese Filme sind im Gegensatz zum Kleinbildfilm mit einem Schutzpapier umwickelt und werden in der Kamera von Rolle zu Rolle transportiert, sodass sie nicht zurückgespult werden müssen. Zum Entwickeln muss das Schutzpapier entfernt werden.

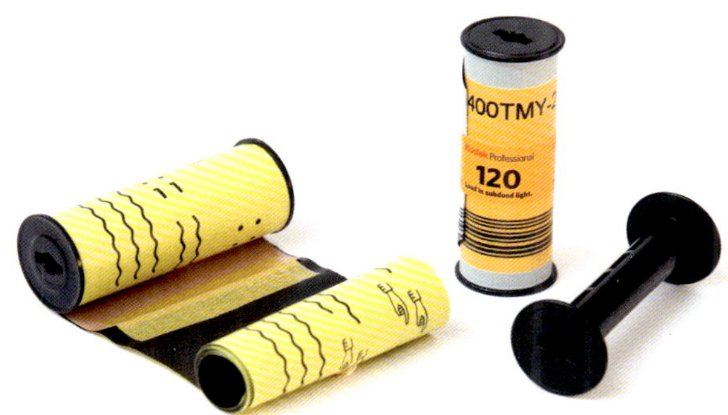

Abbildung 1.8: 120er-Filmrollen (das Papier schützt den aufgerollten Film vor Belichtung)

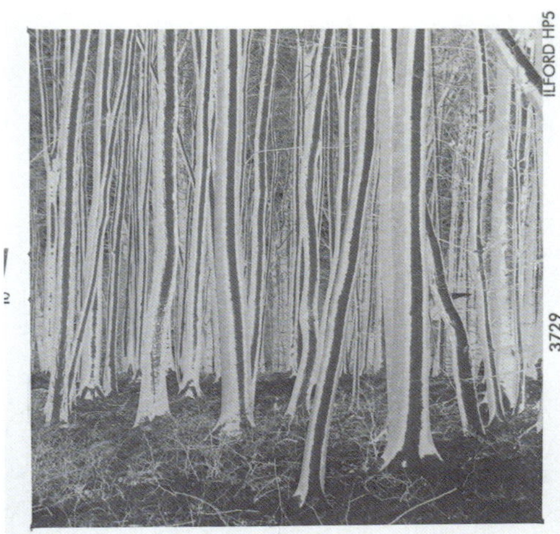

Abbildung 1.9: Mittelformatnegativ 6 × 6 cm

Planfilm (9 × 12, 18 × 24, 28 × 36 cm)

Der Planfilm (auch »Großformatfilm«) ist entweder ein einzelnes Blatt oder eine Glasplatte, die vor der Belichtung bei völliger Dunkelheit in eine entsprechende Planfilmkassette eingelegt wird.

Die Planfilmgröße wird in Zentimetern oder den angloamerikanischen »Inch« angegeben. Ein Inch entspricht 2,54 cm und geht auf die früher gebräuchliche Maßeinheit »Zoll« zurück. Die am weitesten verbreiteten Planfilmgrößen 9 × 12 cm, 13 × 18 cm und 18 × 24 cm finden ihre Entsprechung in den Maßen 4 × 5 Inch, 5 × 7 Inch und 8 × 10 Inch. Allerdings unterscheiden sich die Inch-Maße um wenige Zentimeter von den metrischen Maßen: Ein 4 × 5-Inch-Negativ ist zu groß für eine 9 × 12-cm-Planfilmkassette, ein 5 × 7-Inch-Negativ ist für eine 13 × 18-cm-Kassette hingegen zu klein. Darauf ist beim Kauf von Film und Kassette unbedingt zu achten. Es gibt Formate bis zur Größe von 28 × 36 cm (11 × 14 Inch).

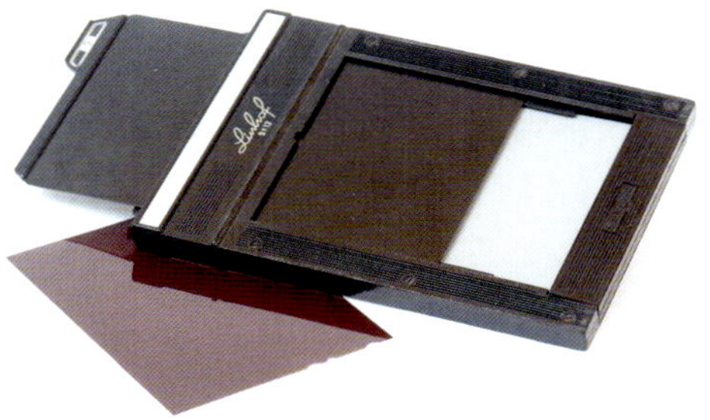

Abbildung 1.10: Planfilmkassette mit Schieber und einem Blatt Planfilm

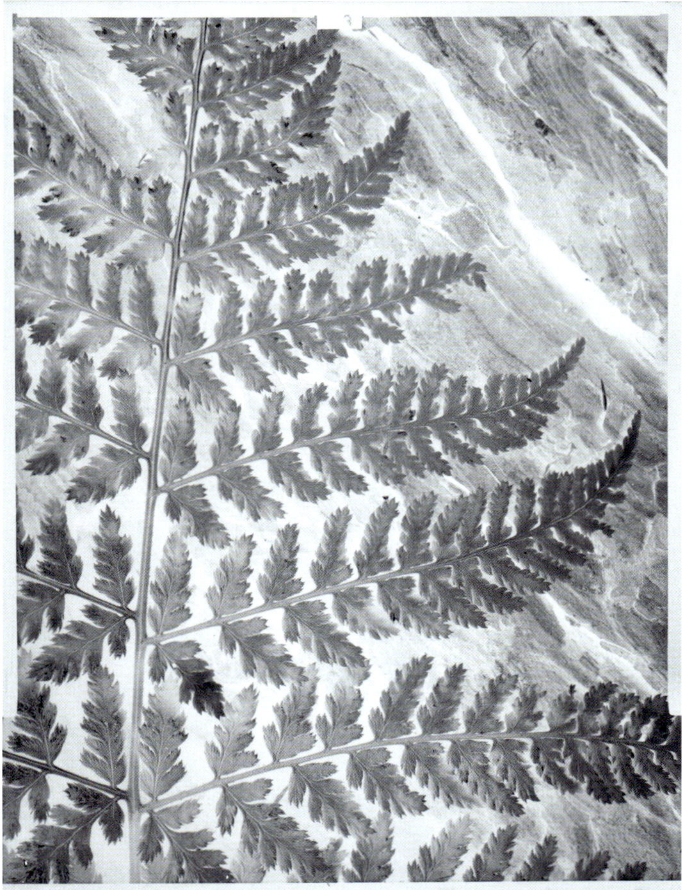

Abbildung 1.11: Planfilmnegativ 9 × 12 cm

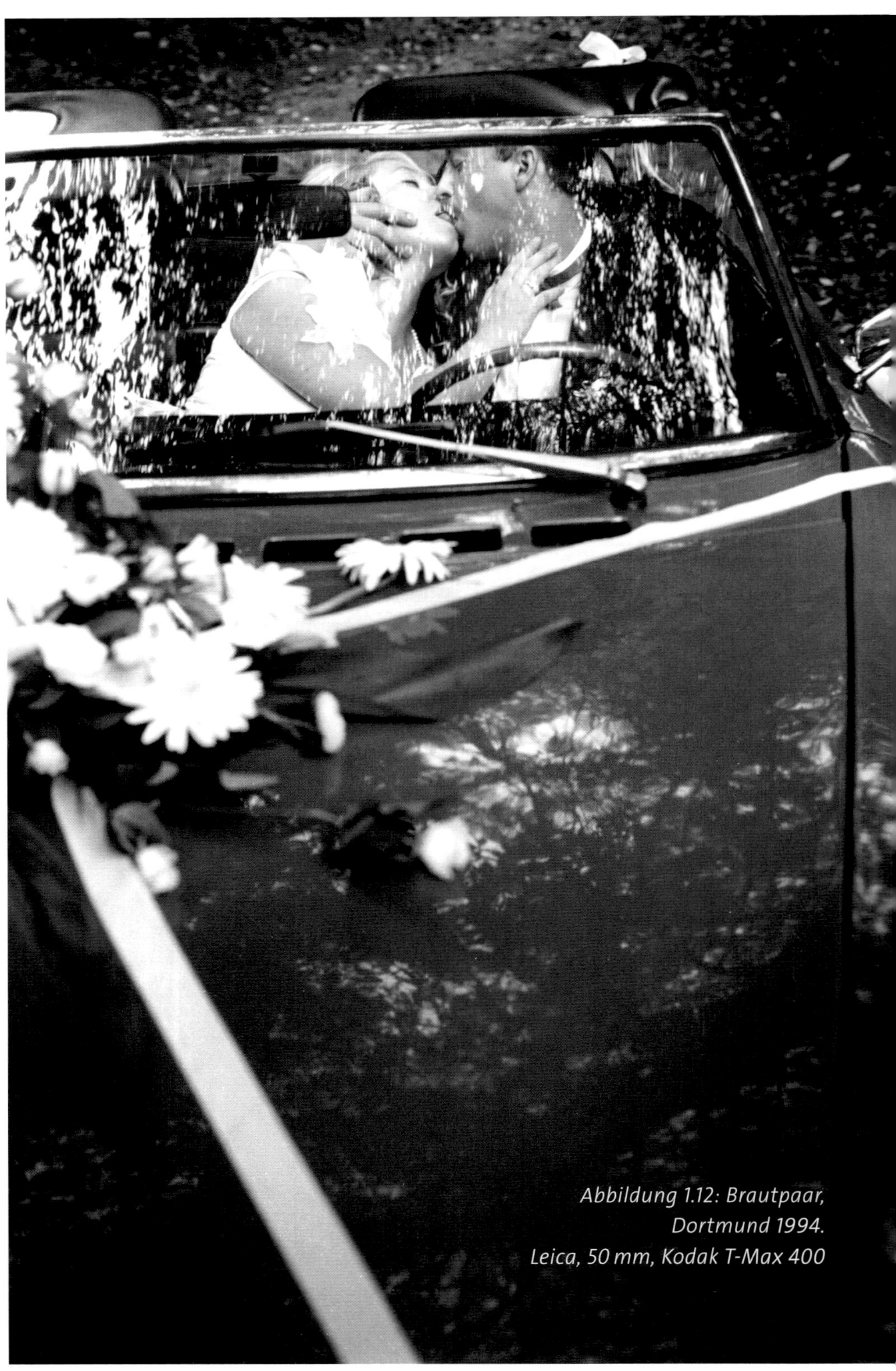

Abbildung 1.12: Brautpaar, Dortmund 1994. Leica, 50 mm, Kodak T-Max 400

DIE KLEINBILDKAMERA

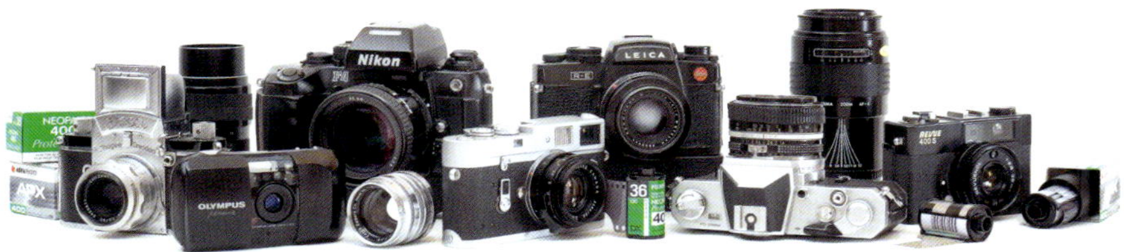

Sie wird wegen der Breite ihres Filmmaterials auch »35-mm-Kamera« genannt und produziert im Allgemeinen Negative der Größe 24 × 36 mm. Es finden sich aber auch Modelle, die eine Negativgröße von 24 × 24 mm oder sogar 18 × 24 mm (das sogenannte »Halbformat«) belichten. Kleinbildkameras sind die auf dem Gebrauchtmarkt am meistverbreiteten Fotoapparate. Für sie gibt es auch die größte Auswahl an Filmmaterial und sonstigem Zubehör.

Grob unterschieden wird zwischen den einäugigen Spiegelreflexkameras (ESR oder SLR für Single Lens Reflex) und Sucherkameras.

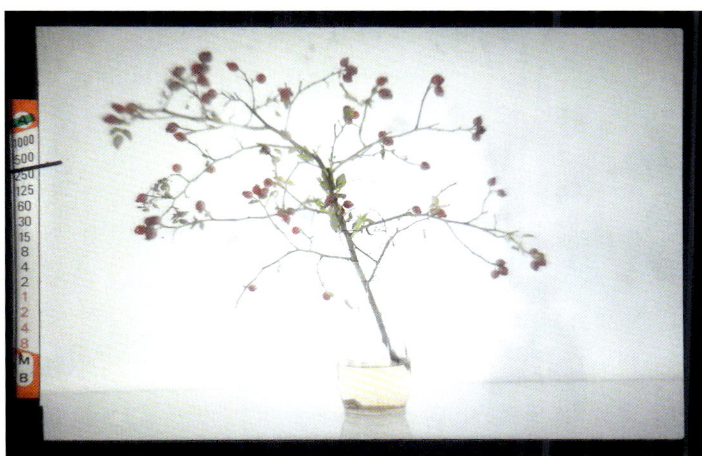

Abbildung 1.13: Der Sucher einer Spiegelreflexkamera mit Zeitautomatik Meistens sind in der Suchermitte noch Einstellhilfen wie ein Mikroprismenring oder ein Schnittkeil vorhanden.

Bei der Spiegelreflexkamera wird der Blick durch den Sucher über ein Prisma und einen Spiegel direkt durch das Objektiv der Kamera geführt. Im Sucher ist also exakt das zu sehen, was sich vor dem Objektiv befindet und später auf dem Film sein wird. Der Nachteil dieser Bauart ist die kurze Blindheit im Moment des Auslösens, denn der Spiegel muss aus dem Weg (er klappt nach oben), um den Weg des Lichtes durch den sich öffnenden Verschluss auf den Film frei zu machen. Dieser Moment der Blindheit ist bei den meisten Kameras aber nur kurz, da der Spiegel nach der Belichtung sofort zurückklappt und die Sicht wieder freigibt. Es gibt Modelle, die einen in der Kamera eingebauten Schlitzverschluss haben, und Geräte mit einem im Objektiv eingebauten Zentralverschluss. Unterschieden wird außerdem noch zwischen manuell zu bedienenden und automatischen Modellen.

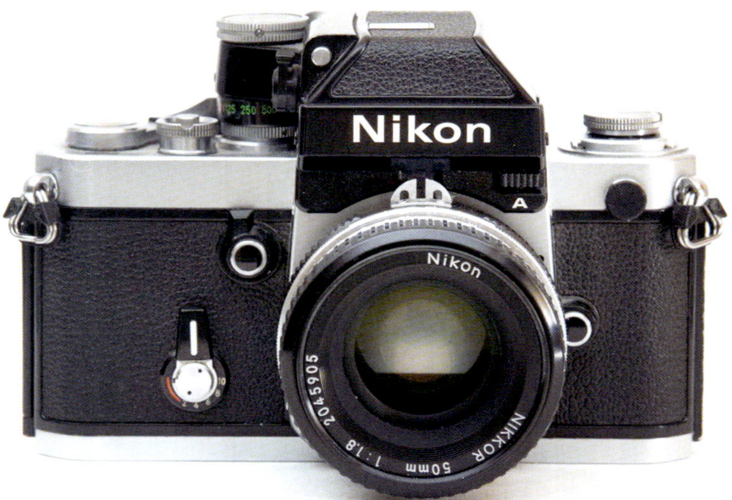

Abbildung 1.14: Die Nikon F2 war eine hochprofessionelle, mechanische Kleinbildkamera der 70er Jahre. Durch auswechselbare Sucher, Mattscheiben und Rückwände in Kombination mit dem schnellsten ansetzbaren Motorantrieb ihrer Zeit ließ diese Präzisionskamera keine Wünsche offen. Wegen ihrer Vielseitigkeit und legendären Zuverlässigkeit betrachten viele Fotografen die Nikon F2 auch heute noch als die beste jemals gebaute Kleinbildspiegelreflexkamera.

Die mechanisch gesteuerte und manuell einzustellende Spiegelreflexkamera gibt es in einer großen Auswahl, von relativ einfach gehaltenen preiswerten Basismodellen bis hin zu Exemplaren, die für eine lange und zuverlässige Funktion bei professioneller Anwendung konstruiert wurden. Sie benötigen für ihre Grundfunktionen keine Batterie, diese wird allenfalls für den eingebauten Belichtungsmesser gebraucht. Bei manchen lassen sich Sucher und/oder Einstellscheiben wechseln, und einige sind für den Betrieb mit einem zusätzlichen »Winder« bzw. Motor vorbereitet. Kameras wie diese bieten keinerlei Automatikfunktionen, die richtige Belichtung wird mit Hilfe des eingebauten oder eines separaten Handbelichtungsmessers ermittelt. Die Bildschärfe wird von Hand über den Sucher eingestellt.

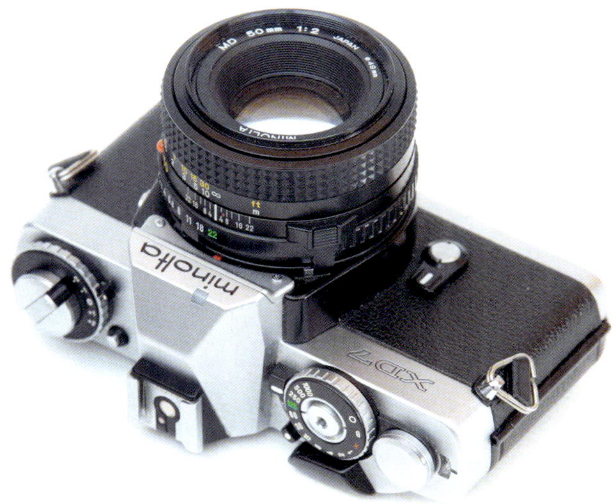

Abbildung 1.15: Die 1977 vorgestellte Minolta XD7 war die erste Kamera, die sowohl eine Blenden- als auch eine Zeitautomatik anbot. Da man beides kombinieren konnte, war sie auch die erste hochwertige Spiegelreflexkamera mit einer sogenannten »Programmautomatik«. Im Prinzip musste man nur scharf stellen und auslösen, die präzise Belichtungsautomatik sorgte automatisch für richtig belichtete Bilder.

Die Weiterentwicklung der mechanischen Kamera ist die elektronisch (also batterieabhängig) gesteuerte Spiegelreflexkamera mit Belichtungsautomatik. Es gibt sie als **Zeitautomat** (man stellt die Blende am Objektiv ein, die Kamera steuert automatisch die Verschlusszeit), als **Blendenautomat** (man stellt eine Verschlusszeit ein, und die Kamera wählt automatisch die Blende) und als **Programmautomat**, bei der die Kameraelektronik sowohl die Verschlusszeit als auch die Blende bestimmt. Bei diesen Modellen wird nur noch die Entfernung eingestellt, die Belichtung steuern die Kameras selbständig. Manchmal bieten sie die Möglichkeit, korrigierend in ihre Automatik einzugreifen oder sie ganz abzuschalten. Allerdings bleibt auch in diesen Fällen, abgesehen von wenigen Ausnahmen, die Batterieabhängigkeit ihrer Funktion bestehen. Einige elektronische Kameras haben daher eine oder mehrere mechanische »Notzeiten«, mit denen man bei einem Batterieausfall eingeschränkt handlungsfähig bleibt. Auch hier bieten viele Modelle die Möglichkeit, einen Winder oder Motor anzuschließen und den Sucher oder die Mattscheibe zu wechseln. Einige haben bereits einen eingebauten Motor und sind somit, kombiniert mit einer oder mehreren Belichtungsautomatiken, ein weiterer Schritt hin zur leichteren Handhabung.

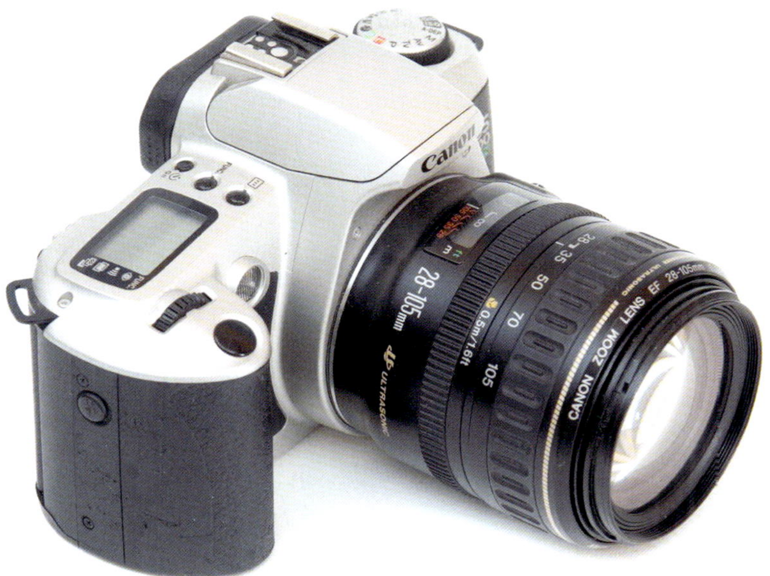

Abbildung 1.16: Bei Kameras wie der Canon EOS 500N werden alle beim Fotografieren maßgeblichen Parameter selbstständig von der Kamera gesteuert. Neben verschiedenen Belichtungsmodi bieten sie Autofokus und ein eingebautes Blitzgerät. Wer sich hier bevormundet fühlt, kann alle Automatiken auch abschalten. Kameras wie diese waren die letzte Ausbaustufe der analogen Kleinbildkamera, bevor die Digitalkamera ihren Siegeszug antrat.

Den Höhepunkt der Automatisierung stellen schließlich die Autofokuskameras dar. Die Belichtungsautomatiken solcher Kameras sind weitgehend ausgereift, allerdings gab es eine merkliche Evolution beim Autofokus. Daher sind frühe Modelle in der Scharfeinstellung generell langsamer und bei problematischen Lichtverhältnissen nicht ganz so präzise wie ihre Nachfolger.

Ohne Strom geht hier gar nichts mehr, und da einige Exemplare recht teure Batterien benötigen, sollte dies beim Kauf bedacht werden. Mitunter nämlich wird die Batterie teurer als die Kamera selbst. Mit den Einstellscheiben solcher Kameras ist es oftmals schwierig, ein Motiv präzise manuell scharf zu stellen. Sie wurden konsequent auf Autofokusbetrieb ausgelegt, und meiner Erfahrung nach funktionieren sie in dieser Betriebsart auch am besten. Wer seine Filme mit einem Höchstmaß an (abschaltbaren) Automatiken belichten möchte, ist hier sehr gut aufgehoben, vor allem weil der finanzielle Aufwand dabei äußerst gering ist, werden doch diese Kameras momentan auf dem Gebrauchtmarkt recht preiswert gehandelt.

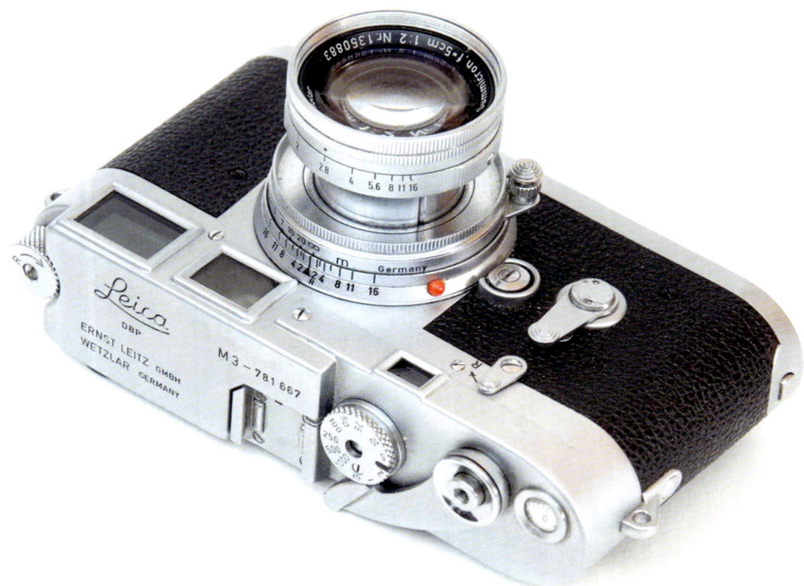

Abbildung 1.17: 1954 auf den Markt gekommen wurde die Messsucherkamera Leica M3 vom Fleck weg zur Legende. Die Helligkeit und Präzision ihres Suchers in Verbindung mit der vorzüglichen Leistung ihrer auswechselbaren Objektive, ihrem leisen Verschluss und ihrer Zuverlässigkeit haben dazu geführt, dass sie bis heute als einsamer Höhepunkt im Bau mechanischer Kameras angesehen wird.

Neben der Spiegelreflexkamera ist auch die Sucherkamera weitverbreitet. Tatsächlich war die Urahnin aller Kleinbildkameras, die Leica, eine Sucherkamera. Im Unterschied zur SLR blickt man nicht über den Umweg eines Spiegels durch das Objektiv, sondern betrachtet das Geschehen durch einen separaten, vom Objektiv unabhängigen Durchsichtsucher.

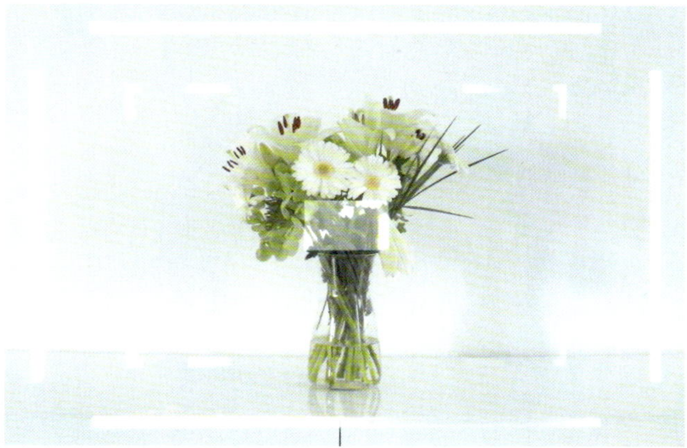

Abbildung 1.18: Der Sucher dieser Messsucherkamera zeigt die Bildbegrenzungen für 75 und 50 mm sowie das Feld des Entfernungsmessers in der Suchermitte.

Durch den Wegfall des Spiegelreflexsystems sind Sucherkameras in der Regel kleiner und schlanker als ihre SLR-Pendants und zumeist erschütterungsärmer und leiser bei der Auslösung. Ebenso ersparen sie einem den kurzen Spiegelblackout. Man hat also das Motiv im Moment der Auslösung permanent im Blick. Ihr Nachteil sind eine gewisse Sucherparallaxe (eine leichte Verschiebung zwischen dem, was der Sucher sieht, und dem, was auf dem Bild ist) und Einschränkungen bei der Objektivwahl. Die meisten Sucherkameras bieten ohnehin keine Möglichkeit zum Objektivwechsel. Bei einigen Modellen wird dies durch ein eingebautes Zoomobjektiv zu kompensieren versucht, der Bereich der extremen Weitwinkel-, Fern- und Nahaufnahme bleibt diesen Kameras aber verschlossen.

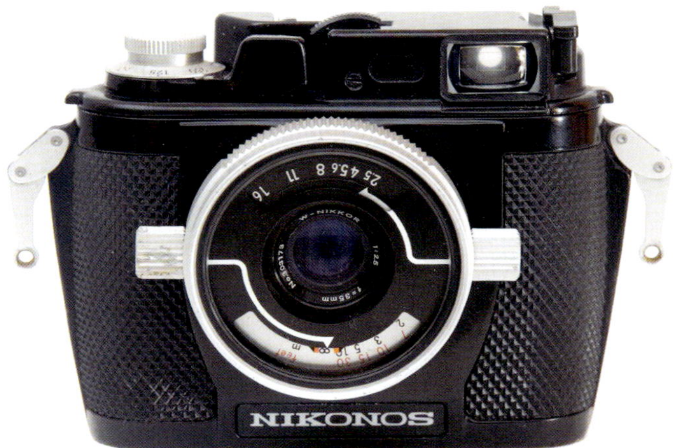

Abbildung 1.19: Die Amphibien- und Unterwasserkamera Nikonos hält einem Wasserdruck von bis zu 50 Metern stand. Ausgestattet mit einem einfachen Durchsichtssucher, auswechselbaren Objektiven und einer robusten Mechanik ist sie so gut wie unverwüstlich.

Sucherkameras mit Wechselobjektiven sind im Vergleich dazu deutlich flexibler. Je weiter eine derartige Kamera in ihrer Entwicklungsstufe und je präziser und hochwertiger ihre Ausführung ist, umso mehr Geld werden Sie dafür ausgeben müssen. Die Spitzenmodelle haben allerdings den Vorteil eines geringen Wertverlustes. Obendrein sind die meisten von ihnen, auch wenn sie bereits über 60 Jahre alt sein sollten, noch reparabel. Hochwertige Messsucherkameras – so nennt man Sucherkameras mit einem eingebauten, gekuppelten Entfernungsmesser – stehen darüber hinaus in dem berechtigten Ruf, bei schlechten Lichtverhältnissen konkurrenzlos präzise in der Entfernungseinstellung zu sein. Im Prinzip genügt Ihnen das Glimmen eines kleinen Lichtpunktes im Auge des Gegenübers, um dessen Porträt scharf zu stellen. Das schafft man nur schwer mit anderen Kameras.

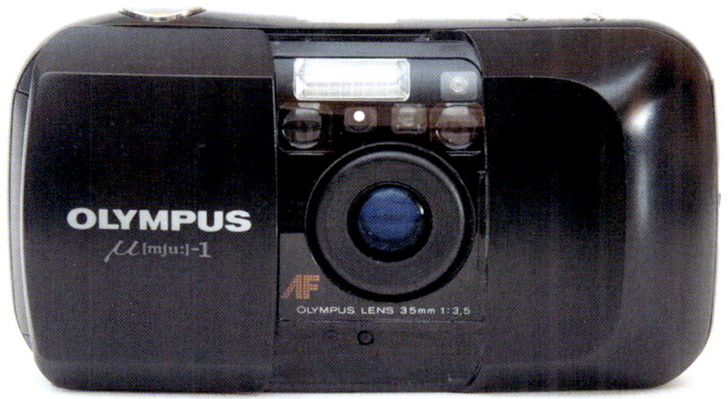

Abbildung 1.20: Die Olympus mju-1 ist ein Vertreter der ultrakompakten, vollautomatischen Kleinbildsucherkameras, die man wegen ihrer geringen Größe eigentlich immer und überall mit dabeihaben kann. Ausgestattet mit einem sehr guten Objektiv kann man von den Negativen ohne nennenswerte Qualitätseinbußen auch große Vergrößerungen machen. Durch den Schieber an der Vorderseite sind bei Nichtbenutzung das Objektiv, der Sucher und die Messzellen für Autofokus und Belichtungsmessung ideal geschützt.

Automatische Sucherkameras gibt es in der großen Bandbreite von einfachsten Wegwerfkameras bis hin zu besser ausgestatteten Modellen mit unterschiedlichen Belichtungsautomatiken, verschiedenen Methoden der Scharfeinstellung sowie manuellem oder motorischem Filmtransport. Wegen ihrer Vollautomatik nennt man sie umgangssprachlich »Point and Shoot«-(P & S-)Kameras. Wie es die englische Bezeichnung sehr schön beschreibt, sind diese Kameras für das absolut beschwerdefreie Fotografieren gedacht: Sie zielen auf das Motiv und drücken ab. Belichtungsautomatik, Autofokus und eingebauter Motor tun dann das ihrige.

Viele dieser Kameras haben einen eingebauten Blitz, der sich manchmal bei Bedarf zu- oder abschalten lässt.

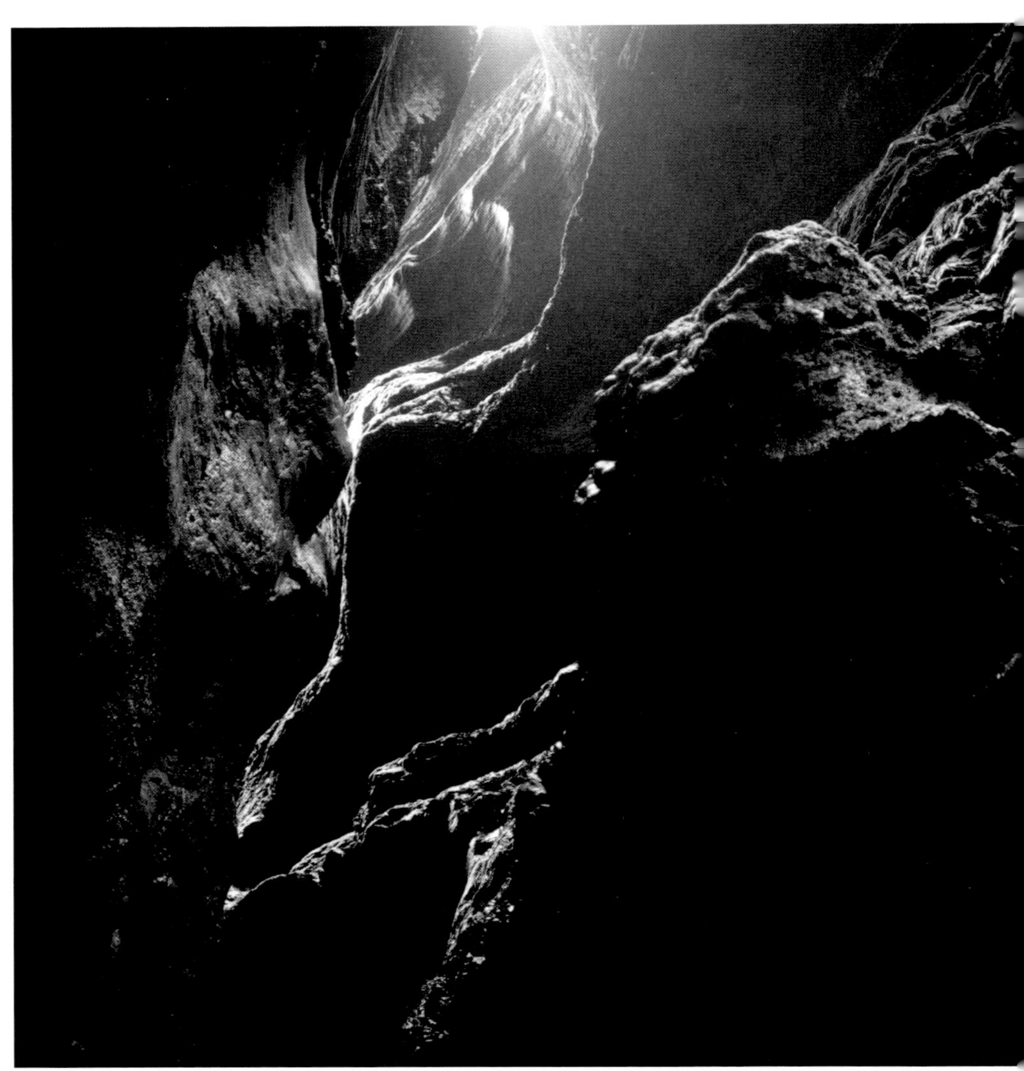

Abbildung 1.21: Partnachklamm bei Garmisch-Partenkirchen, 2003. Rolleiflex, 80 mm, Ilford H

DIE MITTELFORMATKAMERA

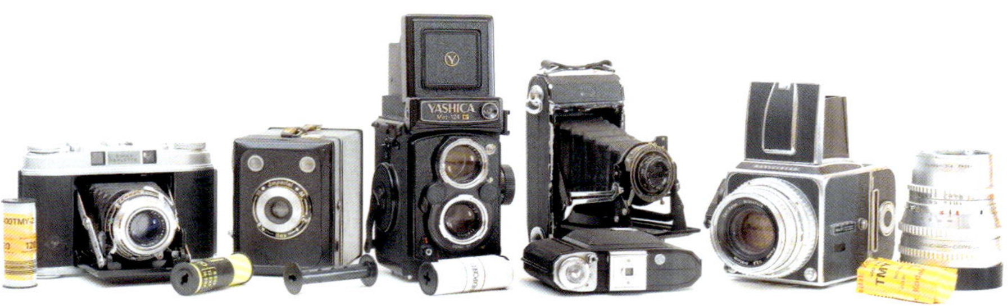

Sie wird auch »Rollfilmkamera« genannt und war bis weit in die 50er Jahre hinein unter Amateuren sehr beliebt. Zwar hat George Eastman mit seiner Firma Kodak den Rollfilm nicht erfunden. Allerdings hat er mit der Kodak Nr. 1-Kamera und dem genialen Konzept des »You press the button – we do the rest« ab 1888 die Fotografie erstmals demokratisiert, indem er sie über günstige Preise Menschen zugänglich machte, die kein allzu dickes Portemonnaie hatten. Erst die Erfindung des Rollfilms hat Kameras wirklich tragfähig gemacht und deren Benutzung aus der Hand ermöglicht. Bis dahin gab es nur Großformatkameras, die man nur mit einem Stativ nutzen konnte. Preiswerte Rollfilmkameras mit den Formaten 6×6 cm oder 6×9 cm waren bei Hobbyfotografen eine Zeitlang sehr verbreitet. Fotos dieser Kameras wurden nur selten vergrößert, preiswerte Kontaktkopien (also Abzüge der Größe 1:1) erschienen für die üblichen Erinnerungsfotos als absolut ausreichend. So konnten die entsprechenden Kameras sehr einfach gehalten werden. Ausgehend von der Annahme, dass die meisten Fotoamateure ihre wertvollen Erinnerungen an hellen Tagen mit der Sonne im Rücken festhalten würden, genügten eine Belichtungszeit und zwei Einstellungen für die Blende – die eine für helles, die andere für noch helleres Licht – den fotografischen Ansprüchen vollauf. Preiswerte Kameras dieser Art, die sogenannten »Box-Kameras«, finden sich gebraucht immer noch in großer Auswahl. Vom Prinzip her funktionieren sie alle gleich, und die mangelnde Perfektion der Ergebnisse hat auch heute noch ihren Reiz.

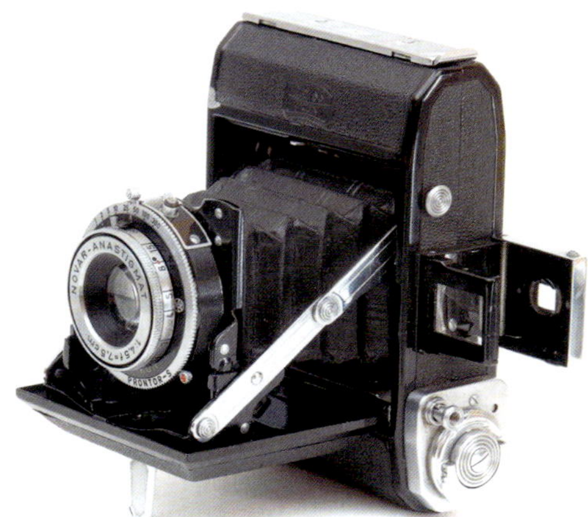

Abbildung 1.22: Klappkameras wie die Zeiss Ikon Ikonta gibt es in vielen Ausstattungsvarianten und Qualitäten. Gemein ist ihnen die geringe Größe im zusammengeklappten Zustand. Bei diesem Modell im Format 4,5 × 6 cm muss sowohl die Belichtung als auch die Entfernungseinstellung separat ermittelt werden. Die Kamera bietet hierfür keinerlei Hilfestellung.

Deutlich weiter entwickelt im Vergleich hierzu sind faltbare Kameras, die es in den Formaten von 4,5 × 6 cm bis 6 × 9 cm gibt. Bei ihnen kann das Objektiv, das an einen Balgen montiert ist, in das Kameragehäuse eingeklappt werden, was beim Transport Platz spart und gleichzeitig Optik und Mechanik des Objektivs schützt. Bei dieser Bauart findet sich eine große Bandbreite von Exemplaren, die nur mit dem Nötigsten ausgestattet sind, bis hin zu sehr leistungsfähigen Modellen mit gekuppelten Entfernungsmessern, guten Objektiven und eingebauten Belichtungsmessern, von denen manche sogar noch bis vor wenigen Jahren produziert wurden.

Starre Mittelformatsucherkameras lassen sich im Gegensatz hierzu nicht zusammenklappen. Dafür sind ihre Objektive oft auswechselbar, und viele von ihnen bieten eingebaute Belichtungs- und Entfernungsmesser. Manche operieren sogar mit Belichtungsautomatiken und Autofokus als Point-and-Shoot-Kameras mit großem Negativformat.

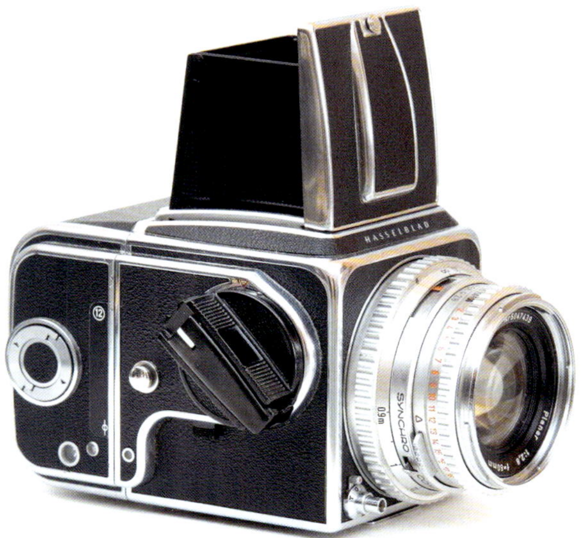

Abbildung 1.23: Kameras des schwedischen Herstellers Hasselblad haben sich den Ruf großer Vielseitigkeit und extremer Robustheit erarbeitet. Mehrere motorisierte Hasselblads haben es sogar bis auf den Mond geschafft und Bilder produziert, die in das kollektive Gedächtnis der Menschheit eingegangen sind. Bei dem hier abgebildeten Modell 500 C/M lassen sich der Sucher, die Mattscheibe und das Filmmagazin auswechseln. Wechselobjektive von Carl Zeiss sorgen für eine überragende optische Qualität.

Die im Mittelformat zu findenden Spiegelreflexkameras wurden größtenteils mit Blick auf den beruflichen Anwender konstruiert und zeichnen sich daher durch eine große Vielseitigkeit und Ausbaufähigkeit aus. So sind natürlich die Objektive, oft aber auch die Mattscheiben, Sucher und die Filmmagazine wechselbar. Es gibt sowohl rein mechanische Modelle mit und ohne Belichtungsmesser als auch elektronisch gesteuerte, die teilweise eine oder mehrere Belichtungsautomatiken bieten.

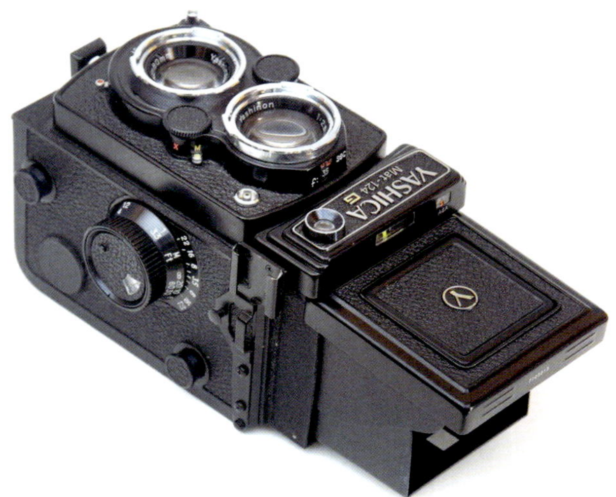

Abbildung 1.24: Die Yashica Mat 124G erleichtert das Fotografieren erheblich durch ihren eingebauten Belichtungsmesser, da das sonst übliche Hantieren mit einem separaten Belichtungsmesser entfällt. Sie ist eine recht gut gelungene japanische Kopie der Rolleiflex, der Urahnin aller zweiäugigen Mittelformatkameras.

Eine Sonderstellung zwischen den Sucher- und Spiegelreflexkameras nimmt die zweiäugige 6×6cm Kamera ein. Als Konstruktionsprinzip hat diese Bauart zwei Objektive: ein hochwertiges unten, das den Film belichtet, und ein einfacheres darüber, durch das man mittels Mattscheibe und fixem Spiegel das Motiv betrachtet und die Schärfe einstellt.

Die Brennweite der Objektive beträgt meistens 75 oder 80 mm. Diese Bauweise hat den Vorteil eines sehr leisen Verschlusses ohne Spiegelblackout. Zudem sind solche Kameras oft kleiner und handlicher als entsprechende Spiegelreflexkameras und deutlich robuster als Klappkameras.

Zwar blickt man bei der Motivbetrachtung nicht durch das Aufnahmeobjektiv selbst, allerdings lässt sich die Bildwirkung wegen der identischen Brennweite beider Objektive sehr gut beurteilen. Eine geringe Sucherparallaxe gibt es aber auch hier.

Kameras wie diese bilden ein in sich abgeschlossenes System, ihre Objektive lassen sich, mit Ausnahme eines Herstellers, nicht auswechseln, und das optische Zubehör beschränkt sich meistens auf Filter, Nahlinsen oder aufschraubbare Weitwinkel- und Telekonverter.

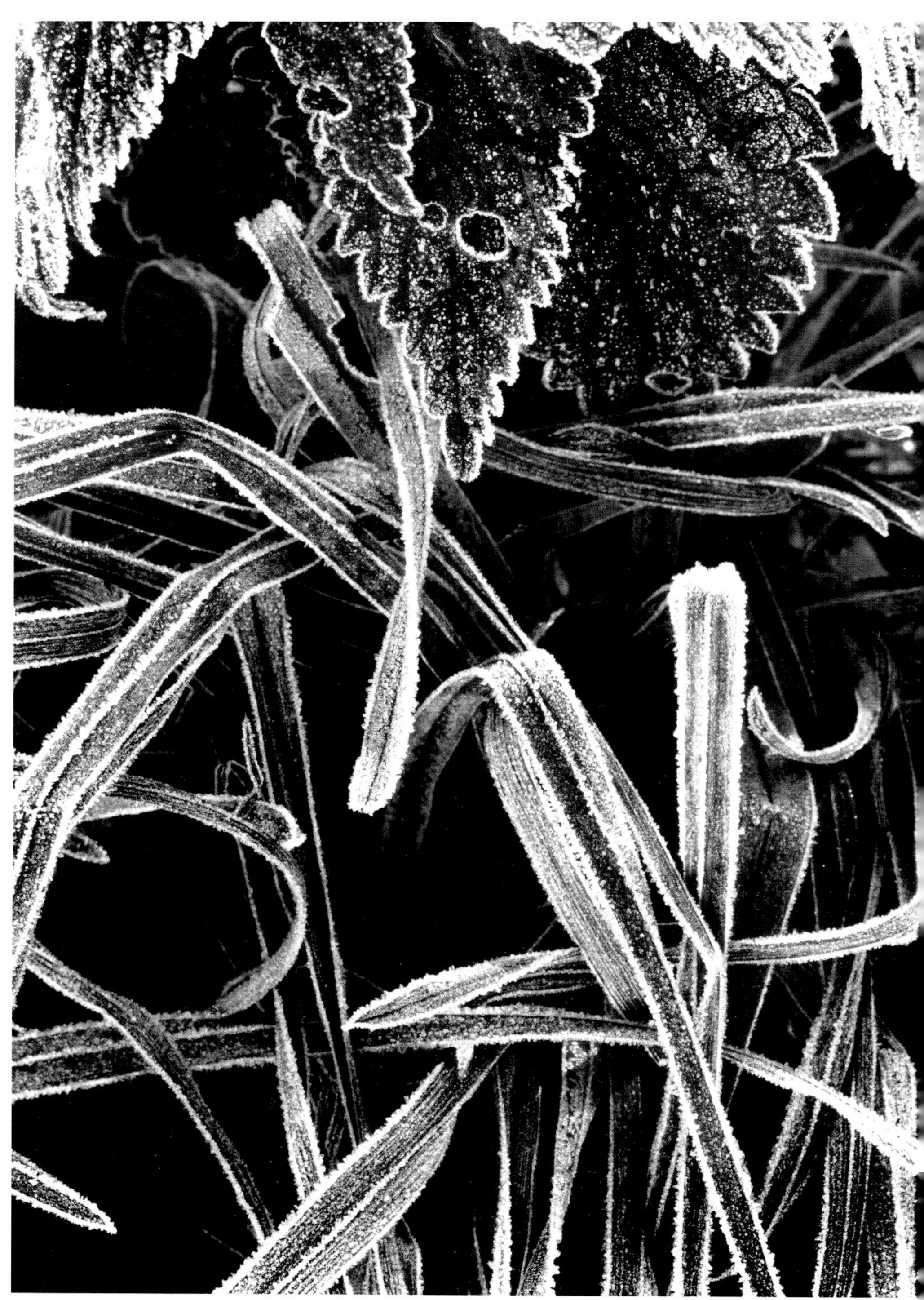

Abbildung 1.25: Raureif bei Aschaffenburg, 2004. Linhof, 150 mm, Ilford FP4

DIE GROSSBILDKAMERA

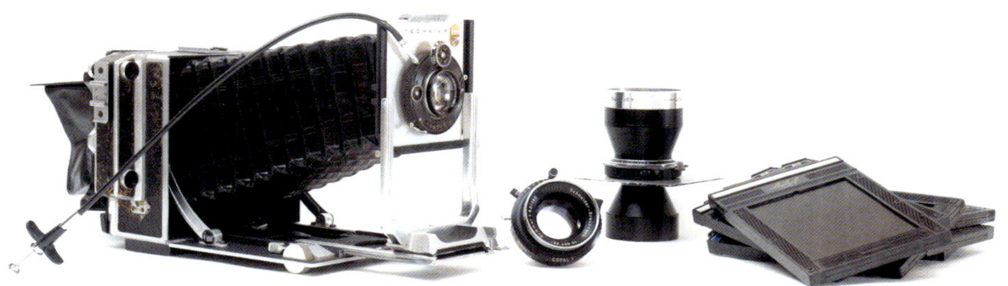

Sie wird auch »Fach-«, »Platten-«, »Großformat-« oder »Atelierkamera« genannt und dient hauptsächlich der Belichtung von Planfilmen (siehe Seite 12). Der Begriff »Kamera« leitet sich von dem lateinischen Begriff der **Camera Obscura** ab, einem Phänomen, über das es bereits aus dem 4. Jahrhundert v. Chr. Berichte gibt. Ursprünglich wurde damit ein dunkler Raum bezeichnet, in dem durch ein Loch in einer Wand die helle Welt außerhalb der Kammer kopfstehend auf die gegenüberliegende Wand im Innern projiziert wurde. Später machte man aus dieser Kammer einen tragbaren lichtdichten Kasten, der an der Vorderseite ein kleines Loch und auf der Rückseite eine Mattscheibe hatte, auf die die Szenerie vor dem Loch projiziert wurde. Viele Maler haben dieses Phänomen für ihre Kunst genutzt, und genau genommen stellte die Erfindung der Fotografie nichts anderes als den erfolgreichen Versuch dar, dieses projizierte Luftbild auf Dauer einzufangen, es zu »fixieren«.

Obwohl ausnahmslos jede Kamera darauf basiert, kommt die Großbildkamera dem Prinzip der Camera Obscura in ihrer Handhabung am nächsten. Es ist die älteste Kamerabauart. Theoretisch müssten sich von ihr Modelle finden, die gut 180 Jahre alt sind – so alt wie die Fotografie selbst. Bei ihrer Bauweise wird grob zwischen drei Konstruktionsarten unterschieden.

Es gibt die zusammenklappbare Kamera mit Balgen, die auch **Laufbodenkamera** genannt wird (siehe Abbildung 1.26), dann die **Kamera auf optischer Bank**, bei der der vordere Objektiv-, der hintere Mattscheiben- und der Filmträger mittels einer Stange und einem Balgen verbunden sind (siehe Abbildung 1.27), und schließlich, als Sonderfall, die starre Kamera, die als Weitwinkel- oder Luftbildkamera Verwendung findet. Spiegelreflexkameras finden sich in diesen Formaten seltener, es gibt sie aber.

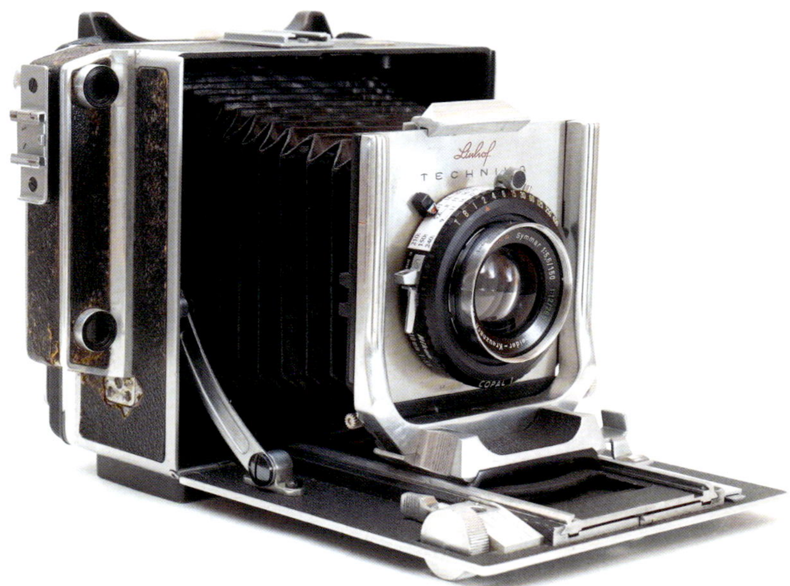

Abbildung 1.26: Die Linhof Standard Press ist eine Laufbodenkamera im Format 9 × 12 cm, die dank des eingebauten, gekuppelten Entfernungsmessers gut aus der Hand zu bedienen ist. Großformatige Handkameras waren vor allem zwischen den 30er und 50er Jahren gerade bei amerikanischen Pressefotografen sehr beliebt. Viele amerikanische Kriegsberichterstatter nutzen solche Modelle im Zweiten Weltkrieg.

Kameras auf optischer Bank bieten die meisten Verstellmöglichkeiten. Bei ihnen können sowohl die vordere Standarte (auf der das Objektiv sitzt) als auch die hintere Standarte (mit der Filmkassette) verschoben, gekippt und gedreht werden. Diese Funktionen werden bei manchen Aufgabestellungen zur Beeinflussung des Schärfeverlaufs oder der Perspektive des Bildes benötigt.

Bei der Laufbodenkamera ist dies oft nur der vorderen Standarte vorbehalten, und starre Kameras kann man, wenn überhaupt, meistens nur auf- oder seitwärts verschieben.

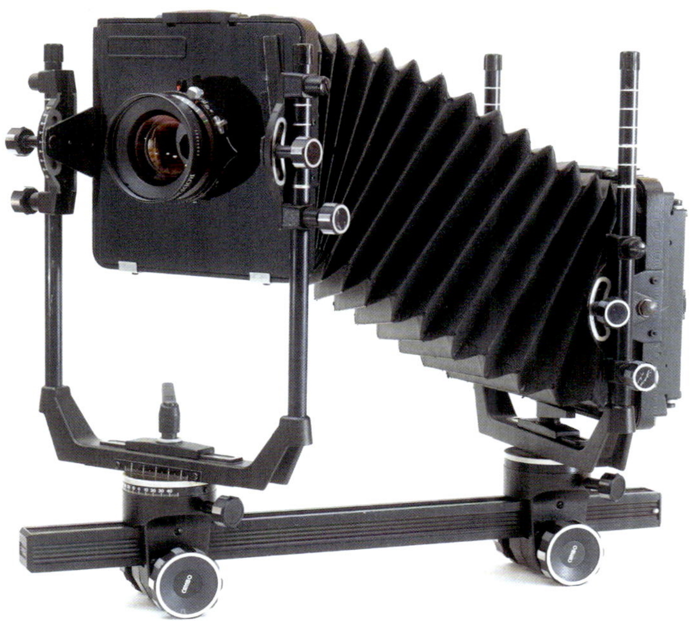

Abbildung 1.27: Fachkameras auf optischer Bank wie diese Cambo bieten nahezu jede erdenkliche Verstellmöglichkeit. Sowohl das Objektiv auf der vorderen Standarte als auch die Filmrückwand auf der hinteren Standarte lassen sich schwenken, neigen und in der Höhe verstellen.

Die Benutzung einer Kamera auf optischer Bank ohne Stativ ist ein Ding der Unmöglichkeit. Starre Kameras und Laufbodenkameras kann man bisweilen dagegen je nach Größe und Ausstattung recht gut aus der Hand bedienen. Letztere haben manchmal einen eingebauten gekuppelten Entfernungsmesser, der das sonst übliche Fokussieren über die Mattscheibe ersetzt. Ältere, recht handliche Laufbodenkameras, meist im Format für 9 × 12-cm-Glasnegative, finden sich häufig preiswert auf Flohmärkten. Auf der Suche nach moderneren und besser ausgestatten Modellen wird man aber eher beim Fachhändler oder online fündig.

Darüber hinaus gibt es unter den Großbildkameras ein erstaunlich großes Angebot an neuen Modellen und Zubehör. Mit Ausnahme der wenigen Exemplare mit eingebautem Schlitzverschluss benötigt jedes Objektiv einen eigenen, mit der Blende kombinierten Verschluss. Beim Objektivwechsel wird dann die gesamte Einheit gewechselt. Die üblichen Negativgrößen variieren von 9 × 12 cm bzw. 4 × 5 Inch bis hin zu 18 × 24 cm bzw. 8 × 10 Inch. Sondergrößen reichen bis 28 × 36 cm bzw. 11 × 15 Inch.

In dieser Kameraklasse sind keine Automatikfunktionen mehr zu finden. Wer damit fotografiert, muss also sehr genau wissen, was er tut.

Wenn man darüber hinaus bedenkt, dass ein einziges 8 × 10-Inch-Negativ ungefähr so viel kostet wie ein ganzer Kleinbildfilm, wird klar, dass bei der Aufnahme besondere Sorgfalt erforderlich ist. Daher lohnt es sich auf jeden Fall, neben der Kamera noch in einen guten Handbelichtungsmesser und ein stabiles Stativ zu investieren.

Trotz aller damit verbundenen Schwierigkeiten hat die Großbildfotografie viele Anhänger. Die Konzentration auf Motiv und Aufnahmetechnik sind einzigartig, und die Vergrößerung oder Kontaktkopie eines Planfilmnegatives sind innerhalb der Filmfotografie von unerreichter Qualität. Dass hier das Wort »Qual« am Anfang steht, mag Zufall sein, hat aber seine Berechtigung.

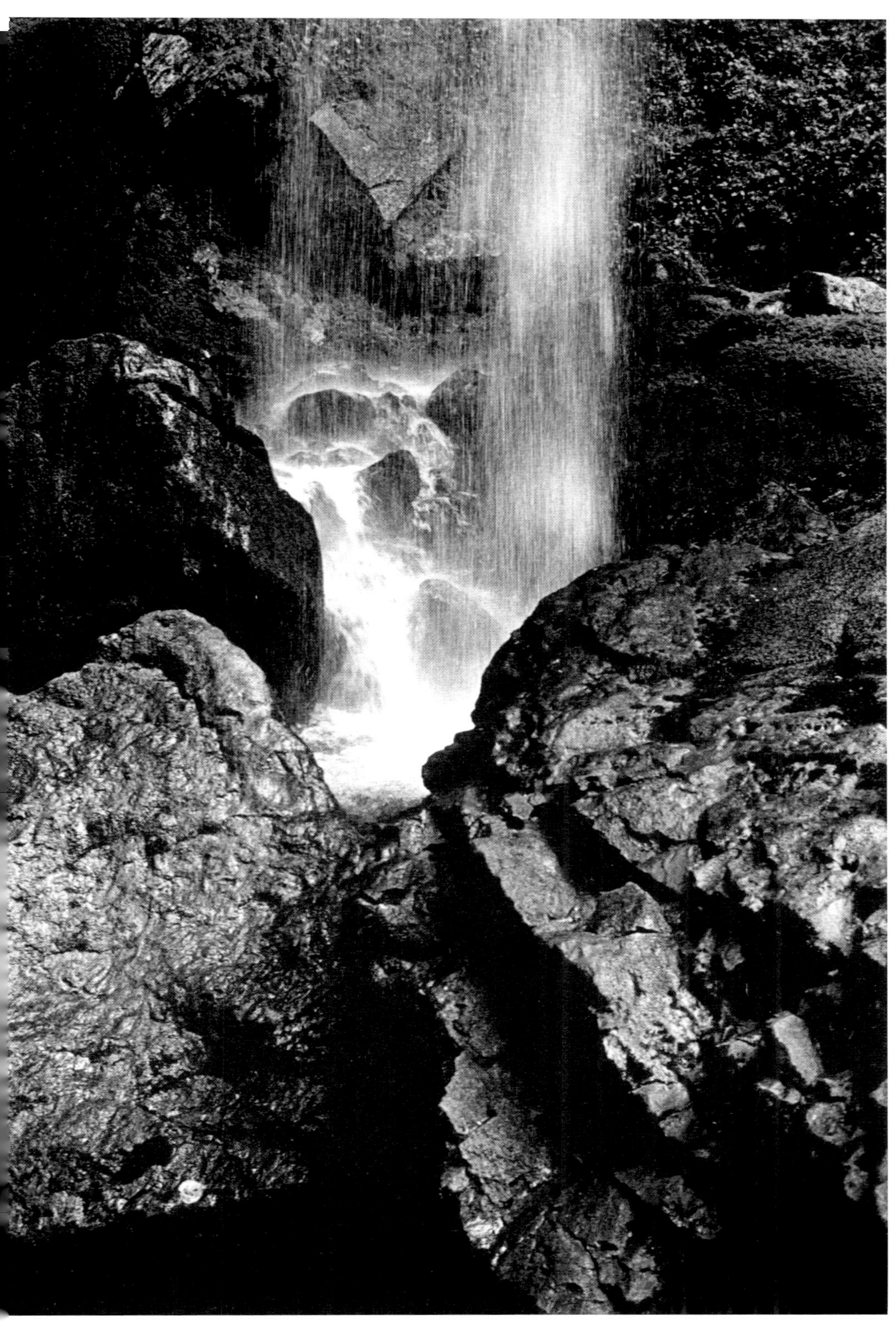

'dung 1.28: *Wasserfall in den Pyrenäen, 2015. Leica, 50 mm, Fuji Neopan 400*

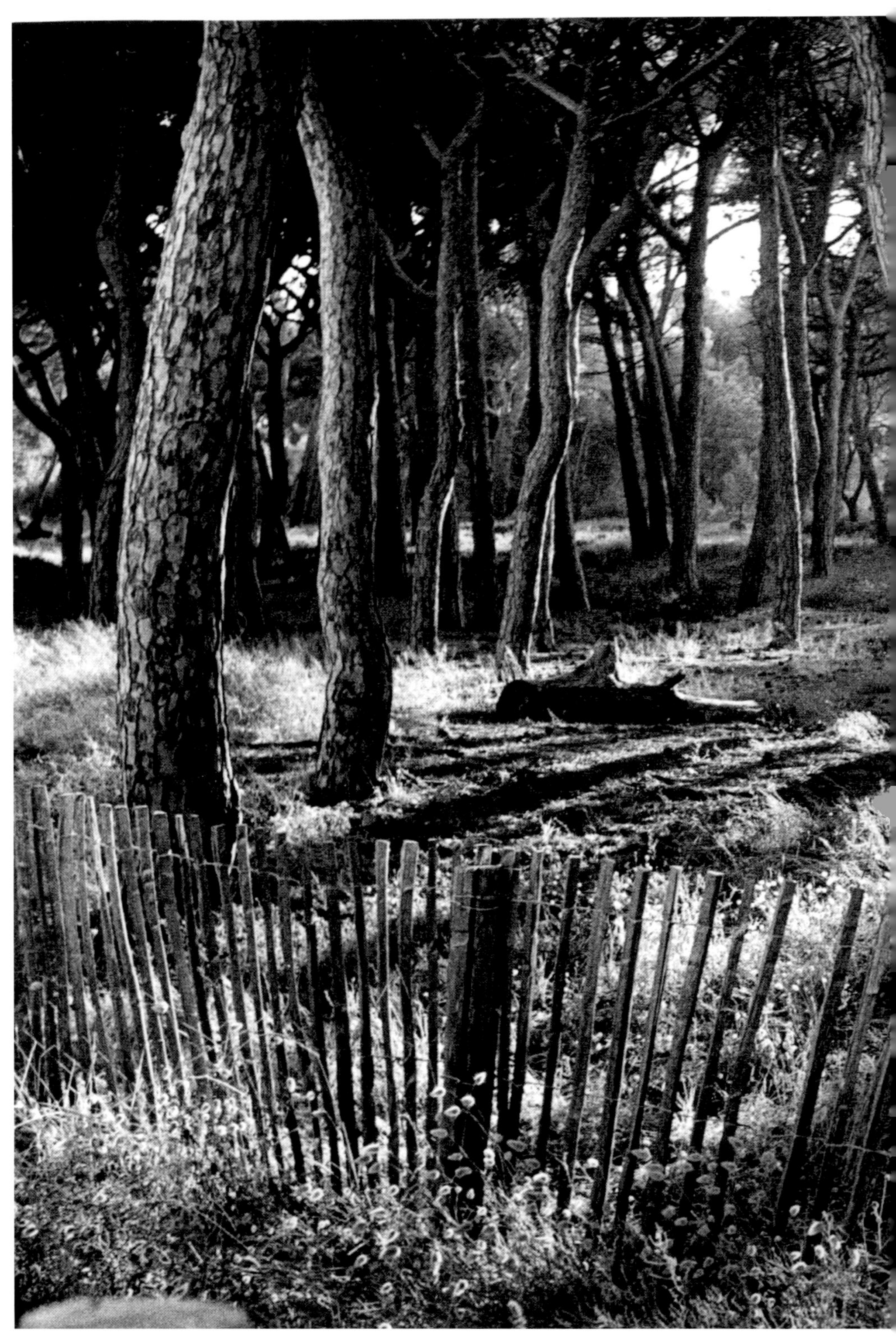

Abbildung 1.29: Pinien in La Bergerie, 2008. Leica, 50 mm, Fuji Neopan 400

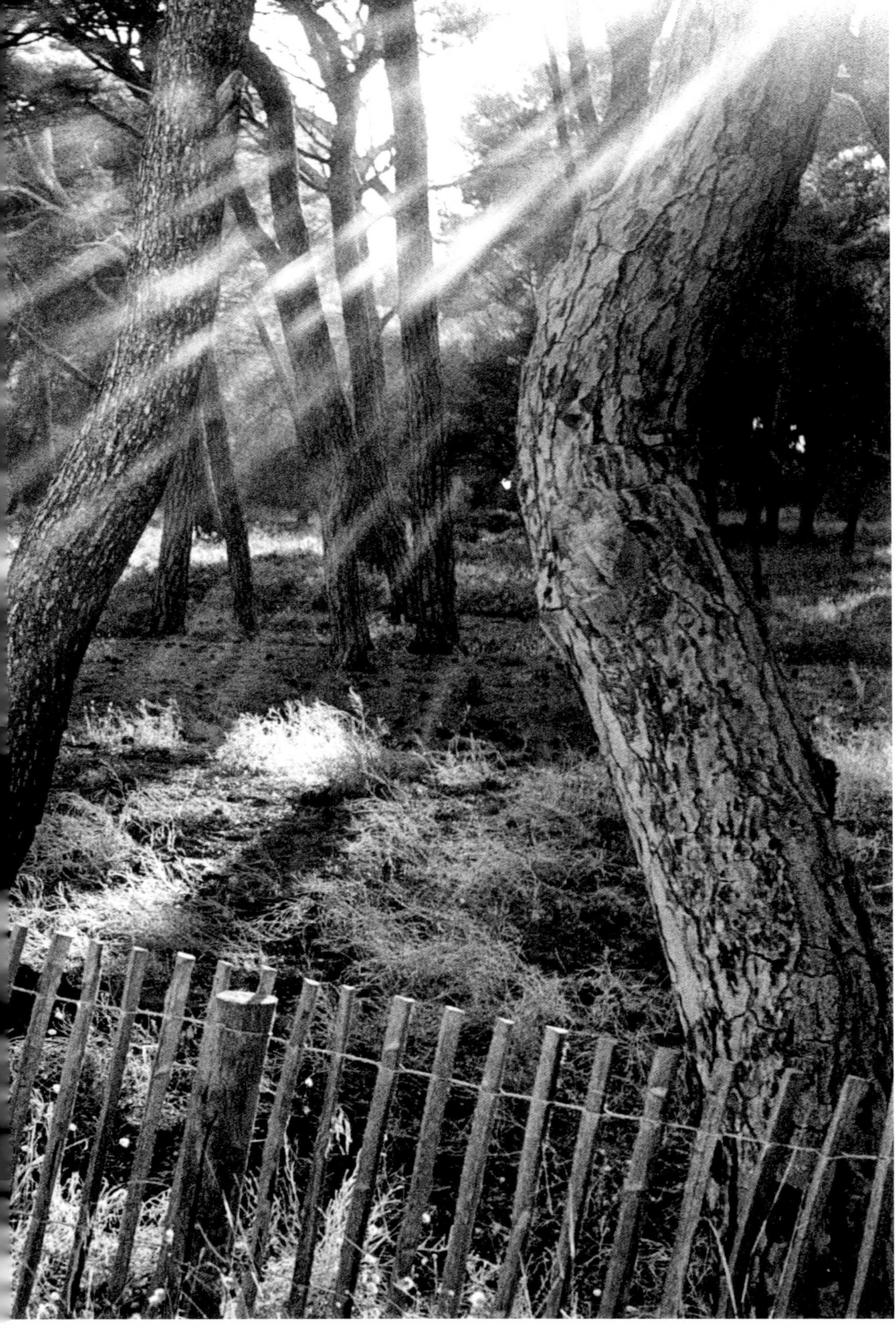

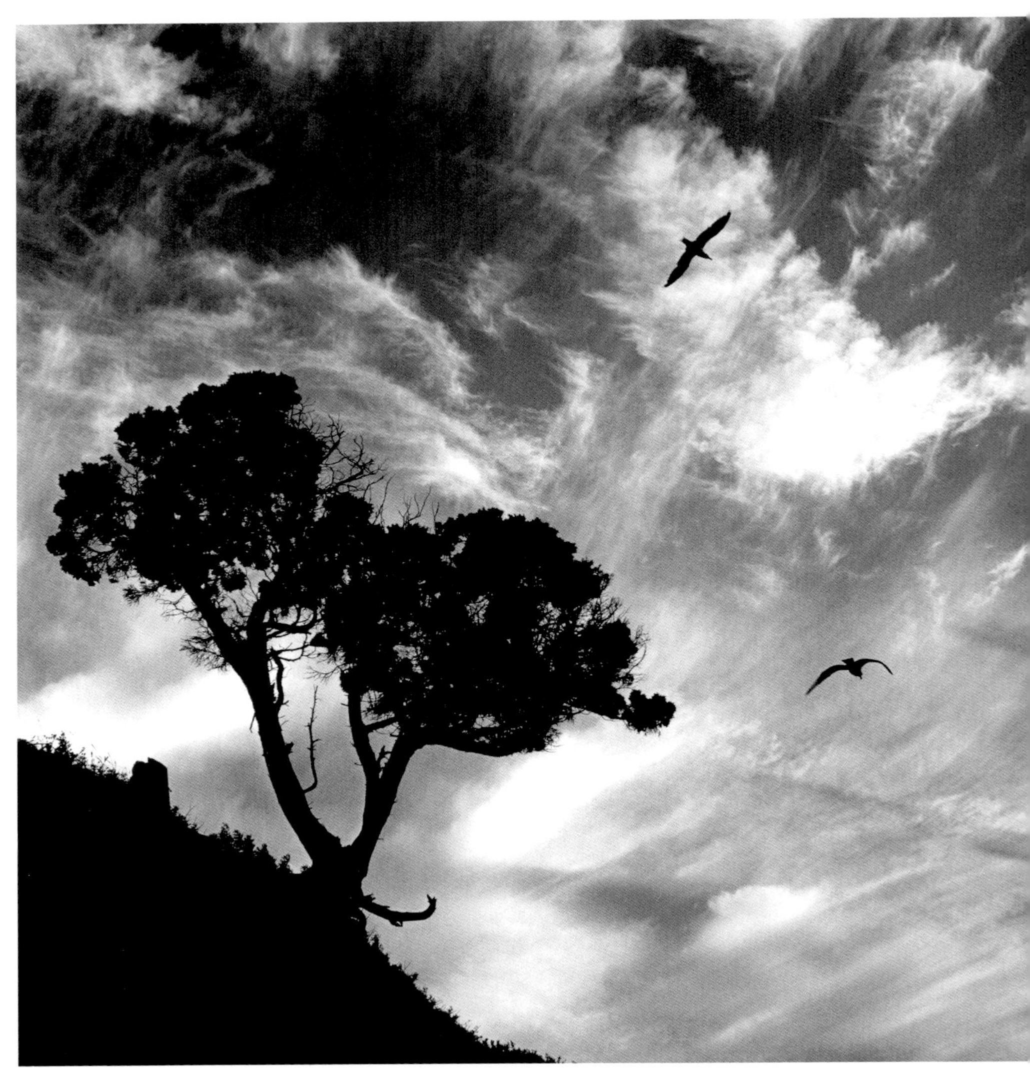

Abbildung 2.1: Der Himmel über La Madraque, 2006. Rolleiflex, 75 mm, Ilford HP5

2

ÜBER HAND-BELICHTUNGS-MESSER

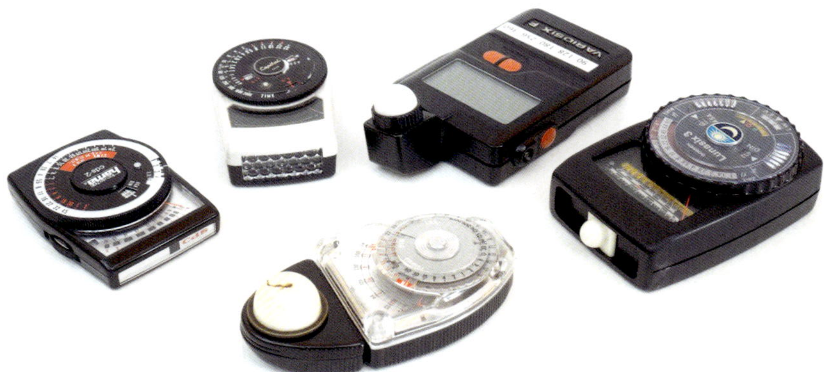

Abbildung 2.2: Kleine Sammlung von Handbelichtungsmessern unterschiedlicher Machart.

Hat eine Kamera keinen eingebauten Belichtungsmesser, ist es sinnvoll, die Belichtungswerte mit einem separaten Handbelichtungsmesser zu ermitteln. Nur noch gebraucht erhältlich sind batterielose Modelle, die mit einer Selenzelle die Intensität des Lichts messen. Ihr Nachteil ist der große Messwinkel und die mangelnde Lichtempfindlichkeit bei schlechtem Licht. Darüber hinaus altern die Selenzellen und verlieren dadurch noch mehr von ihrer ohnehin geringen Empfindlichkeit.

Elektrische Belichtungsmesser werden mit Batterien betrieben und messen mit einer Cadmiumsulfit- oder einer modernen Siliziumzelle. Im Vergleich zu Selenbelichtungsmessern messen sie in einem engeren Winkel und sind bei schwachen Lichtverhältnissen deutlich empfindlicher. Einige Modelle lassen sich mit dem entsprechenden Zubehör für jede nur erdenkliche Messaufgabe ausrüsten, und manche bieten zusätzlich die Möglichkeit der Blitzbelichtungsmessung. Wer viel mit Blitzgeräten arbeitet, wird diese Möglichkeit begrüßen.

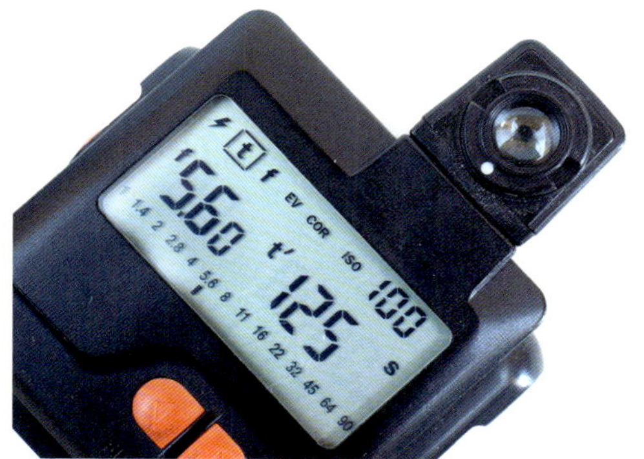

Abbildung 2.3: Gossen Variosix in der Konfiguration für Objektmessung. Die Messzelle wird direkt auf das Motiv gerichtet.

Eine preiswerte Lösung sind Belichtungsmesser-Apps für Smartphones, die relativ zuverlässig funktionieren.

Die meisten Belichtungsmesser lassen sich mit zwei Messarten nutzen: **Objekt-** und **Lichtmessung**.

Bei der Objektmessung wird die Messzelle des Belichtungsmessers in Richtung des Motivs gehalten. Nach diesem Prinzip funktionieren auch alle eingebauten Belichtungsmesser. Die vom Motiv reflektierte Helligkeit bestimmt die angezeigten Belichtungswerte. Allerdings sind Belichtungsmesser so geeicht, dass sie immer Belichtungswerte für ein mittleres, das sogenannte »18 %ige Grau« anzeigen. Bei vielen Motiven fällt das nicht weiter auf, weil sie diesem Grauwert in ihrer Farb- und Helligkeitsverteilung durchaus entsprechen. Die in strahlendes Weiß gekleidete Braut vor einer weißen Wand wird bei dieser Art der Belichtungsmessung aber ebenso zu einem 18 %-Grau wie der Schornsteinfeger vor einer schwarzen Wand. Der Belichtungsmesser weiß nämlich nicht, dass die Braut weiß und der Schornsteinfeger schwarz ist. Er zeigt immer nur Werte für das mittlere Grau an. Die Belichtung muss also korrigiert werden: Die Braut belichtet man zwei Blenden über die Anzeige des Belichtungsmessers, den Schornsteinfeger zwei Blenden darunter, und schon entsprechen die Grauwerte wieder der Realität.

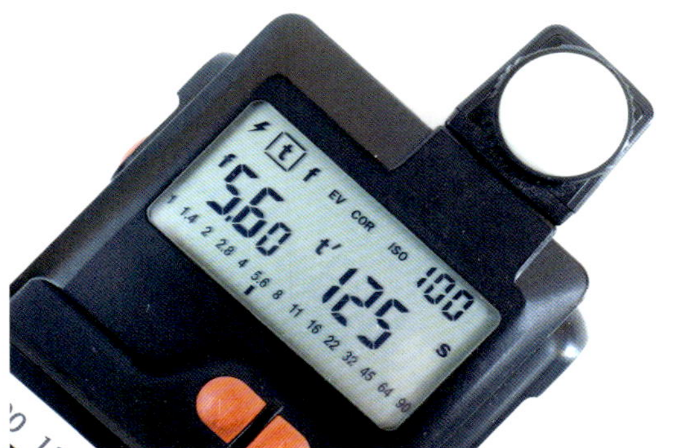

Abbildung 2.4: Gossen Variosix mit der halbkugelförmigen Kalotte für die Lichtmessung. Die Messung findet in Richtung der Kamera statt.

Wenn der Belichtungsmesser die Möglichkeit der Lichtmessung bietet (hierbei wird eine weiße Halbkugel – eine sogenannte »Kalotte« – vor den Sensor des Belichtungsmessers gesetzt), entfällt diese Problematik. Bei dieser Messart wird der Belichtungsmesser in Richtung der Kamera gehalten, er misst also ausschließlich das Licht, das das Motiv beleuchtet, und nicht dessen Reflexion. Diese Messmethode ist äußerst zuverlässig, hat aber den Nachteil, dass Sie möglichst nahe an Ihr Motiv herankommen müssen, um eine richtige Messung zu bekommen. Bei einem Konzert, einem wilden Tier oder einer Theateraufführung ist dies allerdings nicht möglich. Hier greifen Sie dann wieder auf die Objektmessung zurück. Auch bei Motiven, bei denen die Lichtquelle selbst das Motiv ist (zum Beispiel ein Sonnenuntergang), wird eine Lichtmessung falsche Werte liefern. In diesem Fall müssen Sie ebenfalls eine Objektmessung vornehmen.

Abbildung 2.5: Klostergarten, Fulda, 2002. Leica, 21 mm, Ilford HP5

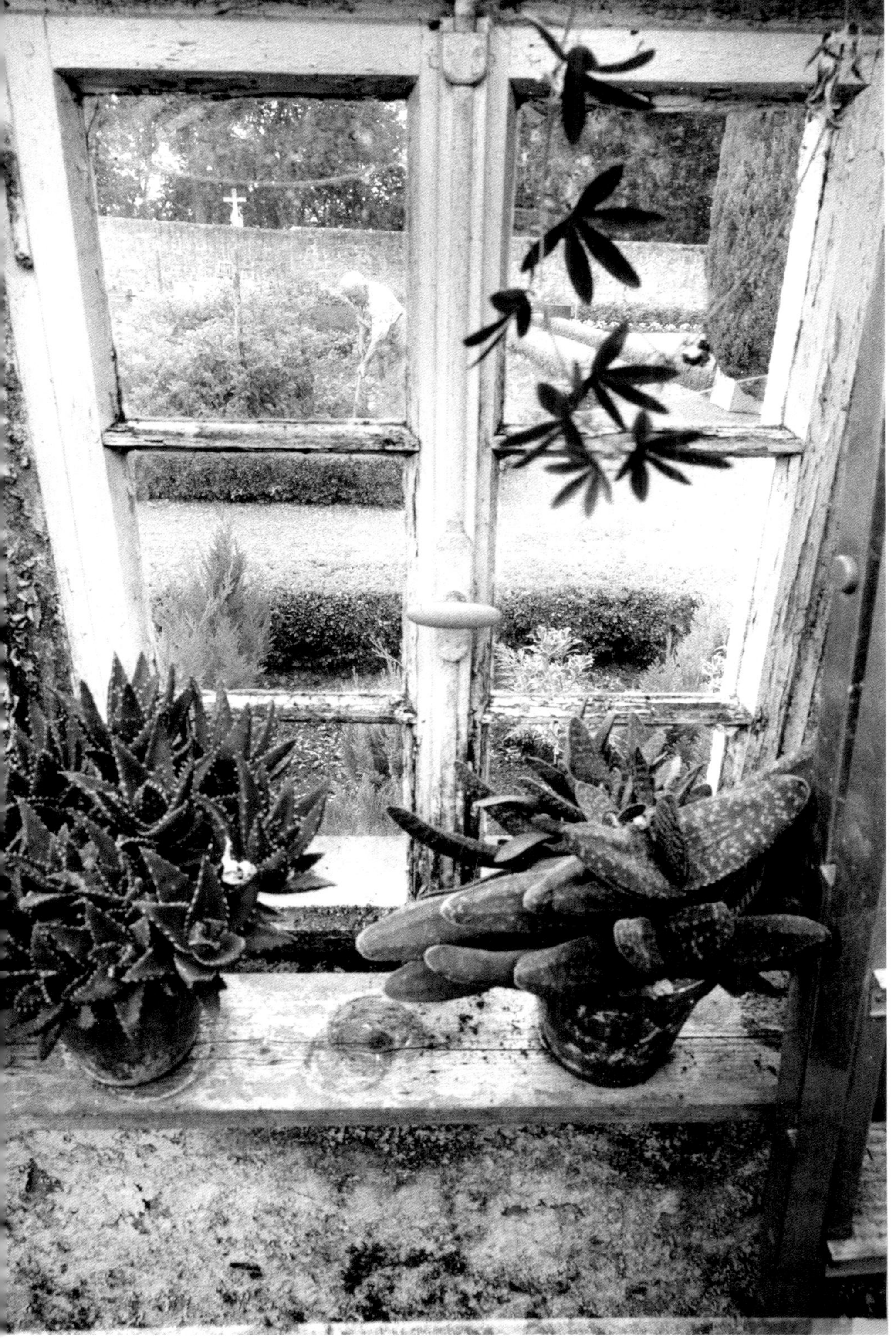

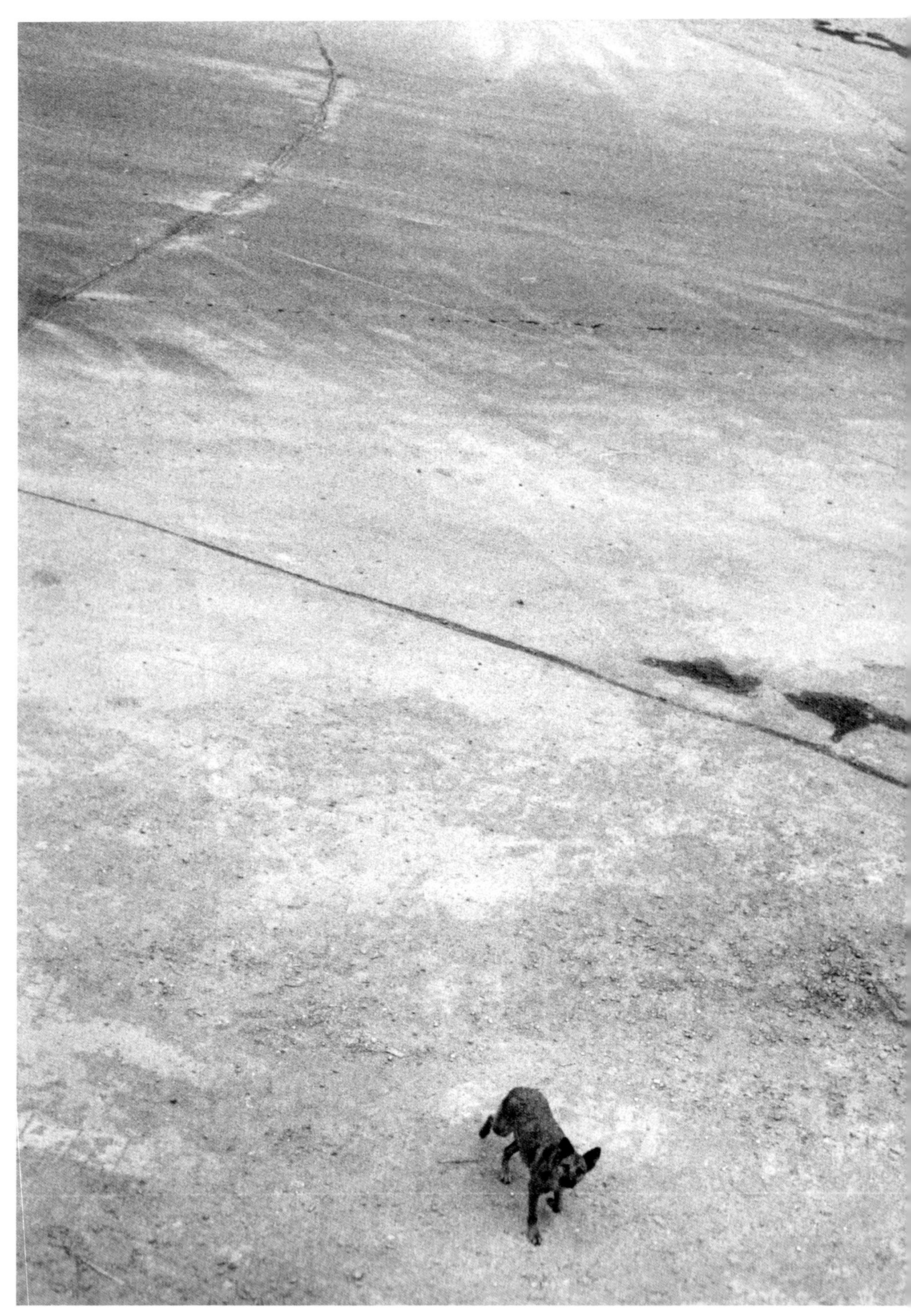

Abbildung 2.6: Straßenszene, Moskau, 1991. Nikon, 50 mm, Kodak T-Max 400

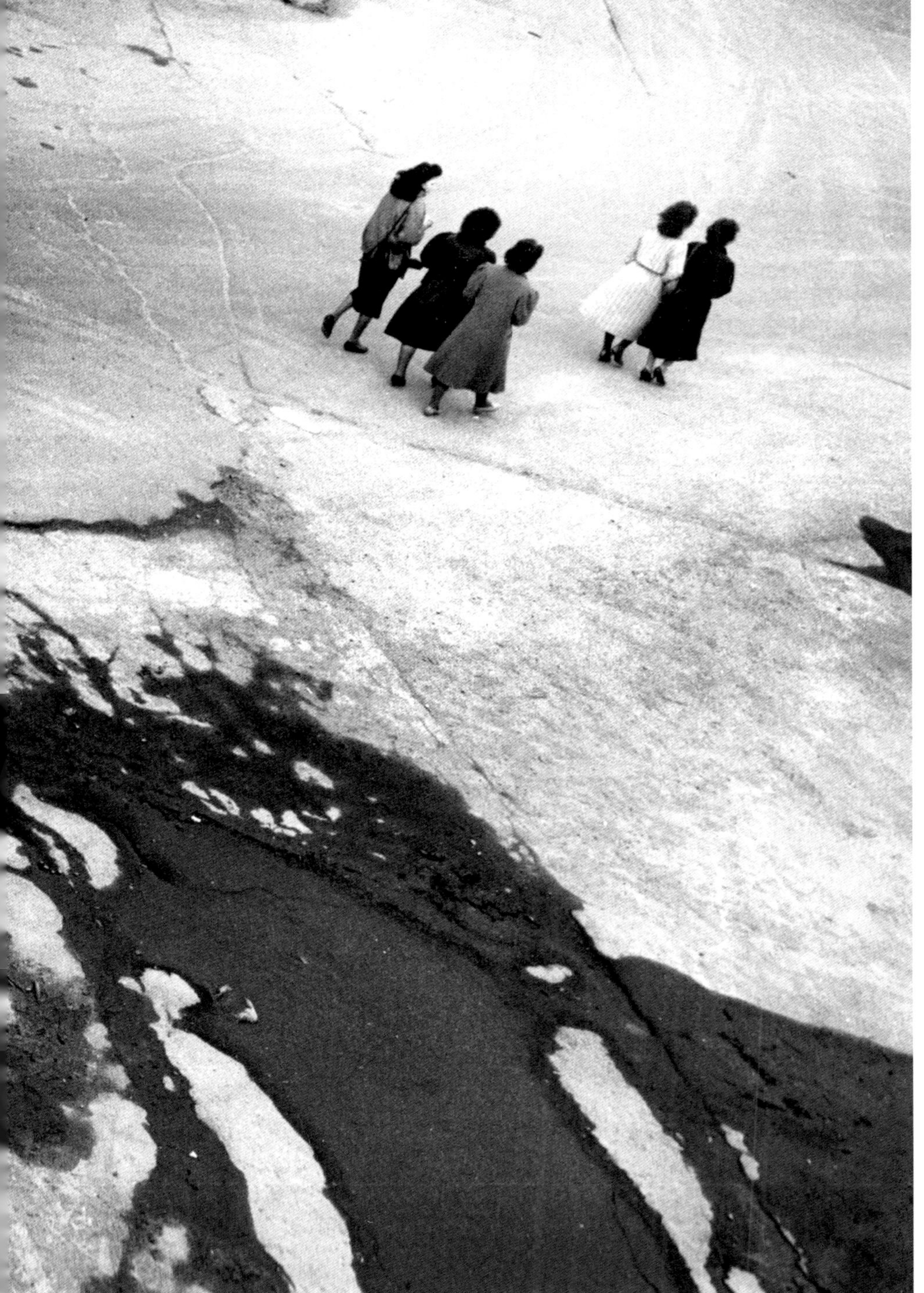

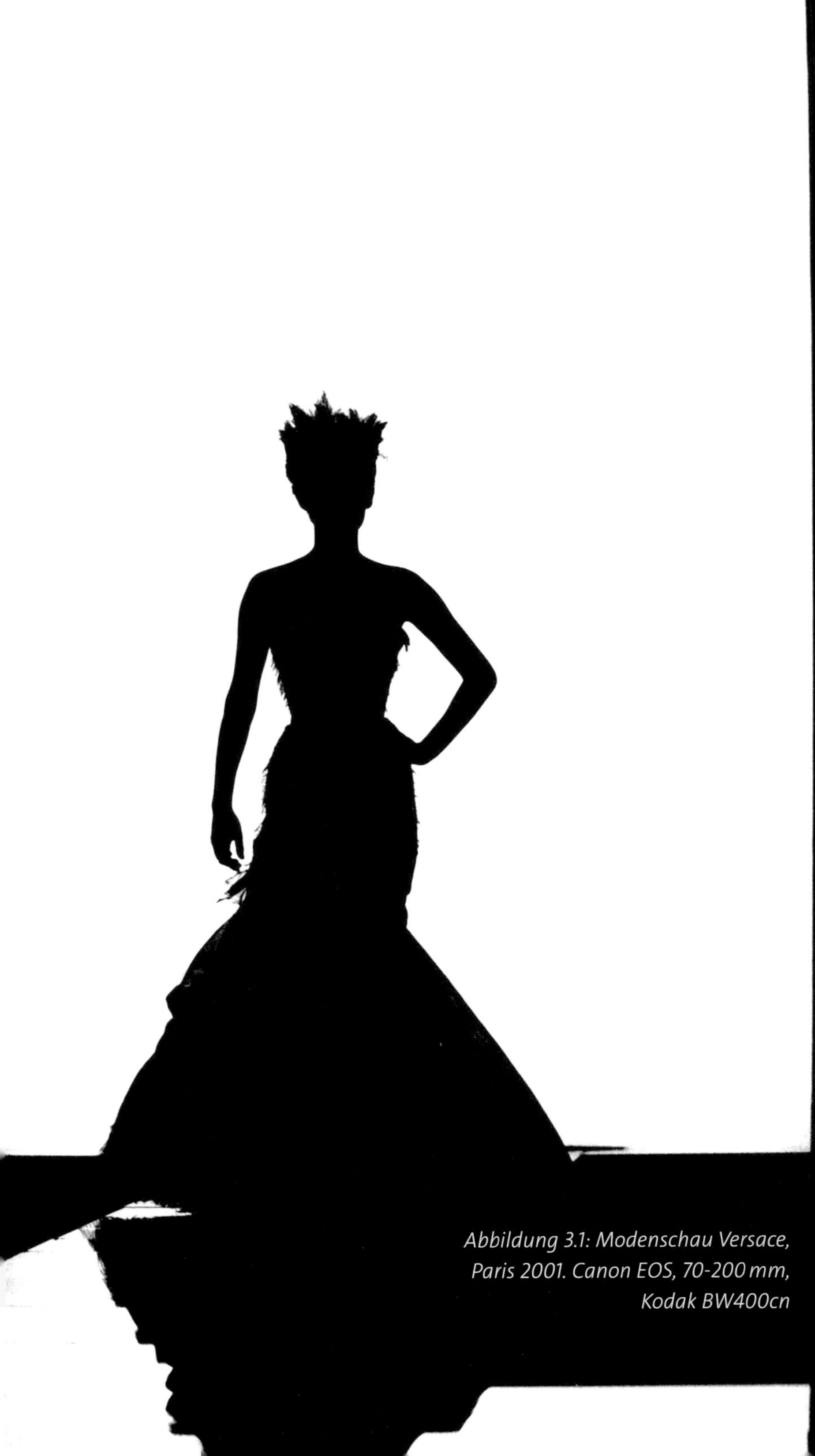

Abbildung 3.1: Modenschau Versace, Paris 2001. Canon EOS, 70-200 mm, Kodak BW400cn

3

DAS OBJEKTIV

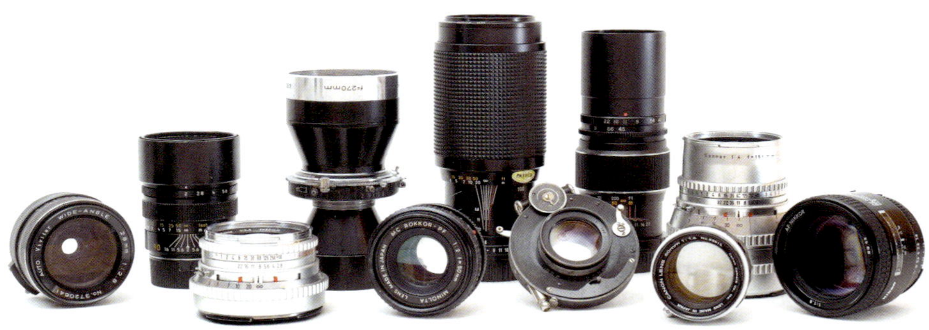

Das Loch der einfachen Camera Obscura wird heutzutage noch bei der Lochkamera- oder Pinholefotografie genutzt. Es hat nämlich den Vorteil, dass es keine Farbfehler produziert und verzerrungsfrei abbildet. Ist es klein genug, wird auch die Abbildung hinreichend scharf.

Sein offensichtlicher Nachteil ist – bedingt durch den kleinen Lochdurchmesser – die geringe Lichtstärke. Dem wurde abgeholfen, indem das Loch zuerst durch eine und dann – da jede Linse Bildfehler produziert, die durch eine weitere Linse korrigiert werden müssen – mehrere optische Linsen ersetzt wurde: Das Objektiv war geboren.

BRENNWEITE UND LICHTSTÄRKE

Die beiden wichtigsten Eigenschaften von Objektiven sind die Brennweite und die Lichtstärke.

Die Brennweite bestimmt, wie ein Objektiv ein Motiv »sieht«. Sie wird in Millimetern oder Zentimetern angegeben. Ausgehend von der sogenannten »Standard-« oder »Normalbrennweite«, die ungefähr der jeweiligen Negativdiagonalen entspricht, bedeutet dies, dass die Brennweite eines Standardobjektivs im Kleinbildformat um die 50 mm, im Mittelformat je nach Negativgröße 60 mm (4,5 × 6 cm) bis 105 mm (6 × 9 cm) und im Großformat 150 mm (9 × 12cm) bis 300 mm (8 × 10 Inch) betragen kann. Der Blickwinkel eines Standardobjektives kommt dem des menschlichen Auges recht nahe und entspricht sehr genau dem natürlichen Seheindruck. Zwar erfasst unser Sehfeld nahezu ein 180°-Panorama; fassen wir aber Dinge genauer ins Auge, dann entspricht dies ungefähr dem Bildwinkel einer Standardbrennweite.

Ausgehend von diesem Mittelwert zeigen Objektive mit einer gegenüber dem Standardobjektiv geringeren Brennweite einen weiteren Ausschnitt einer Szene. Sie werden »Weitwinkelobjektive« genannt.

Objektive mit einer längeren Brennweite und einer höheren Millimeterzahl zeigen einen engeren Ausschnitt als das Normalobjektiv. Sie werden »Teleobjektive« genannt.

Objektive mit veränderbarer Brennweite heißen »Zoom«- oder »Varioobjektive«.

Seit einigen Jahren wird das Standardobjektiv durch Zoomobjektive mit einem Brennweitenbereich um die 28–105 mm ersetzt, den sogenannten »Standardzooms«. Sie haben den Vorteil, dass man blitzschnell die Brennweite ändern kann, ohne das Objektiv wechseln zu müssen. Als Nachteil handelt man sich damit meistens eine geringere Lichtstärke und eine etwas geringere Abbildungsqualität im Vergleich zu Festbrennweiten ein.

Dazu sind diese Objektive meistens größer und schwerer als eine Festbrennweite. Allerdings muss man bedenken, dass sie auch eine ganze Zahl von Objektiven mit fester Brennweite ersetzen.

Eine universelle Objektivzusammenstellung stellt die Kombination eines Weitwinkels von 28 mm oder 35 mm, eines Standardobjektivs von 50 mm und eines leichten Teles im Bereich von 75 mm bis 105 mm dar. Mit diesem »Grundbesteck« lässt sich eine Vielzahl von Motiven meistern. Bei den Festbrennweiten kann man zudem auf recht lichtstarke Varianten zurückgreifen, während das entsprechende Varioobjektiv bei geringerer Lichtstärke relativ kompakt ist.

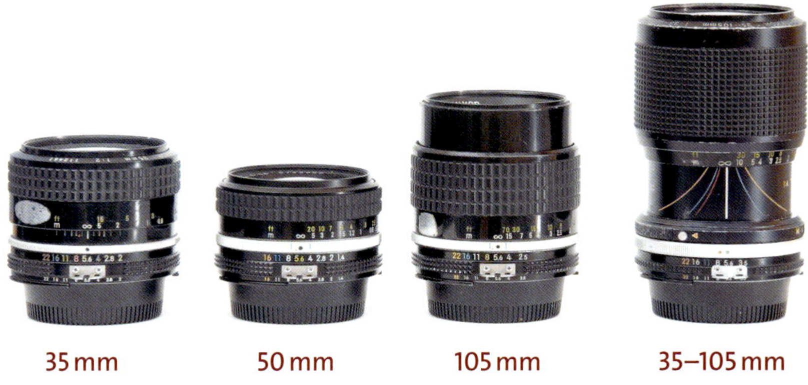

35 mm 50 mm 105 mm 35–105 mm

Spiegelreflexkameras mit Wechselobjektiven wurden jahrzehntelang zusammen mit dem bereits erwähnten Normal- oder Standardobjektiv verkauft. Daher finden sich viele gebrauchte Kameras heute noch in dieser Konfiguration. Standardobjektive wurden in großen Stückzahlen produziert und sind deswegen, von einigen extrem lichtstarken Exemplaren abgesehen, vergleichsweise preiswert.

Darüber hinaus sind viele von ihnen relativ lichtstark und zeichnen sich häufig durch eine vorzügliche Abbildungsleistung aus. Generationen von Fotografen haben mit dieser Grundausstattung das Fotografieren erlernt – eine Herangehensweise, die meiner Meinung nach auch heute noch ihre Vorteile hat.

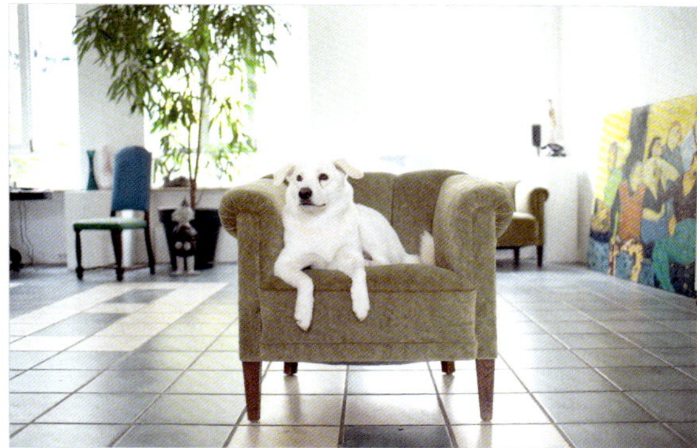

Abbildung 3.2: 35-mm-Weitwinkelobjektiv

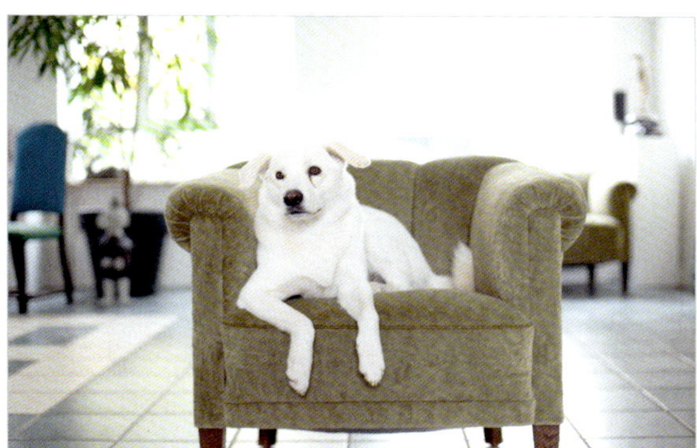

Abbildung 3.3: 50-mm-Standardobjektiv

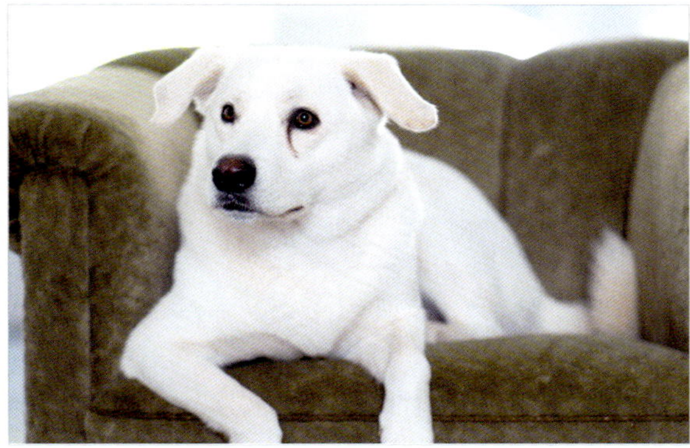

Abbildung 3.4: 105-mm-Teleobjektiv

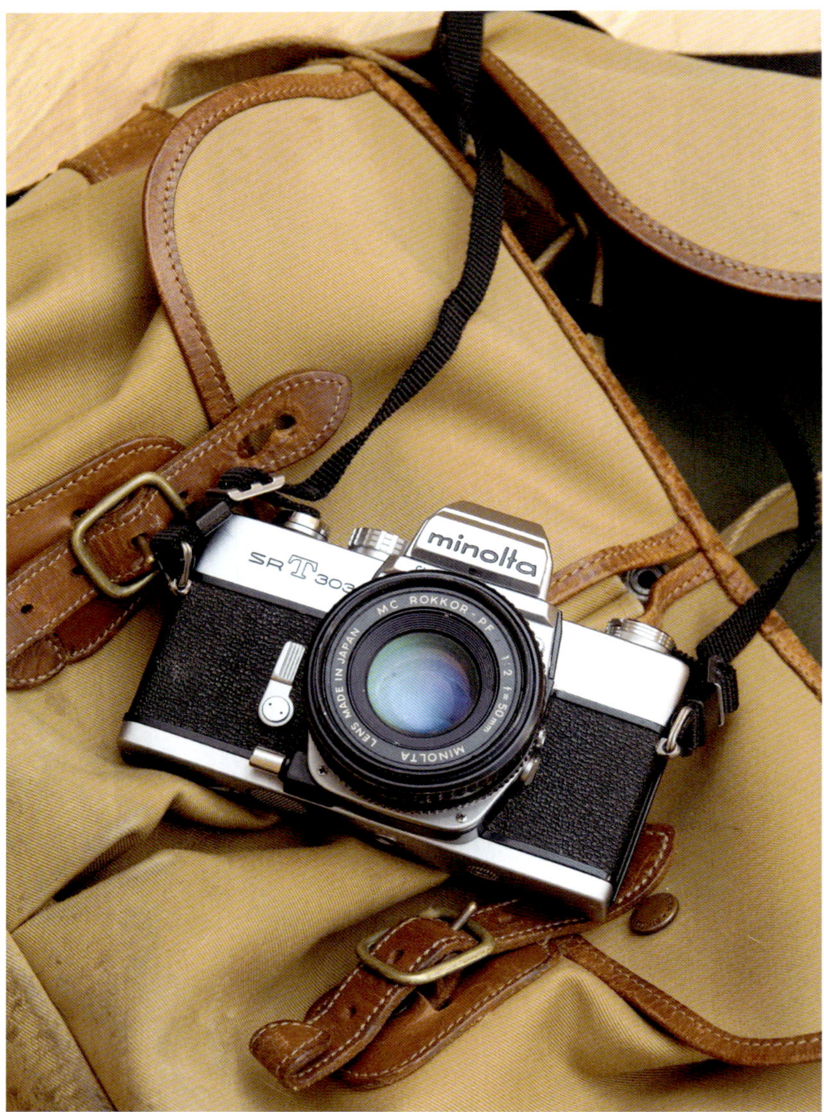

Abbildung 3.5: Eine Minolta SRT 303 mit dem Rokkor 2/50 mm. Die in den 60er und 70er Jahren beliebte SRT-Kamerareihe erfreute den Benutzer durch einfache Handhabung und hohe Zuverlässigkeit. Minolta-Objektive und im Besonderen das hier aufgesetzte 50-mm-Objektiv zeichnen sich durch eine hohe optische Qualität aus. Leider existiert diese einst große Marke wie so viele andere nicht mehr als Kamerahersteller.

BLENDE

Die Lichtstärke bezeichnet die Menge des Lichts, die auf dem Film ankommt, nachdem es das optische System passiert hat. Sie wird als Blendenzahl angegeben.

Die Werte 1:1/50 mm oder 1/50 mm bezeichnen ein höchst lichtstarkes Normalobjektiv das theoretisch keinen Lichtverlust hat.

Ein Objektiv mit der Bezeichnung 1:1.4/50 mm lässt im Vergleich dazu nur noch die Hälfte des Lichtes durch, ein Objektiv mit 2/50 mm sogar nur noch ein Viertel. Je geringer die Blendenzahl ist, umso lichtstärker ist ein Objektiv, was in der Praxis nichts anderes bedeutet, als dass man bei zunehmender Dunkelheit länger ohne Hilfsmittel wie Blitz oder Stativ fotografieren kann.

Darüber hinaus wird die Zone der Bildschärfe, die sogenannte »Schärfentiefe«, immer geringer, je weiter die Blende geöffnet wird. Alles außerhalb dieses scharfen Bereichs zerfließt in Unschärfe, dem sogenannten »Bokeh«, das sich sehr gut als Gestaltungsmittel einsetzen lässt.

Je extremer eine Brennweite ausfällt, egal in welcher Richtung, desto komplexer und teurer wird es, ein gutes, lichtstarkes Objektiv zu konstruieren. Da man im Gegensatz zur digitalen Fotografie die Lichtempfindlichkeit nur durch einen entsprechenden Film beeinflussen kann, gilt uneingeschränkt ein banales aber stimmiges Allgemeingut aus alten Zeiten: »Lichtstärke ist durch nichts zu ersetzen, außer durch Lichtstärke«.

Die international gebräuchliche Blendenreihe eines 1.4/50-mm-Objektives sieht so aus:

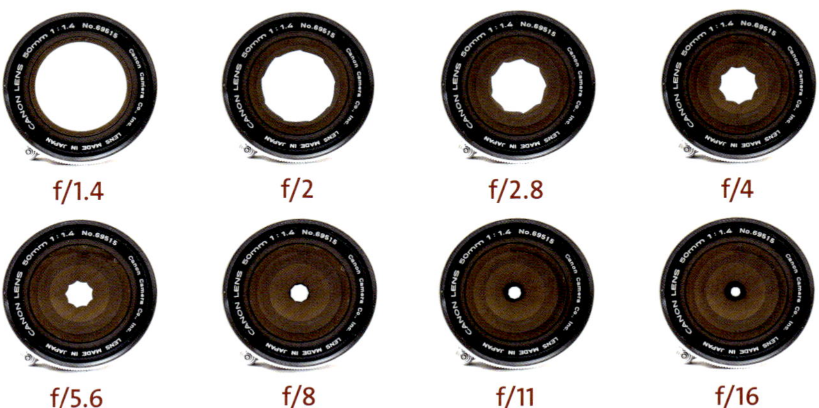

Abbildung 3.6: Mit jedem Schritt hin zu einer höheren Blendenzahl verkleinert sich die Blendenöffnung so, dass nur noch halb so viel Licht hindurchkommt wie bei der Blendenstufe davor.

Viele neue Objektive passen nach wie vor zu älteren Kameras. Der Gebrauchtmarkt ist hier ebenfalls sehr gut sortiert. Die meisten der Regeln beim Kauf einer gebrauchten Kamera gelten auch für das Objektiv – wobei es erheblich weniger zu überprüfen gibt. Wenn die Entfernungseinstellung leicht und ohne zu ruckeln läuft, die Blendenlamellen keine Öl- oder Fettspuren zeigen und sich ohne Verzögerung schließen und wieder öffnen, die Linsen klar und weitgehend kratzerfrei sind und kein Dunst, Pilz oder Beschlag im Innern zu sehen ist, kann man beim Kauf nicht viel falsch machen. Ablagerungen im Innern des Objektivs sieht man übrigens deutlich, indem man mit einer kleinen Taschenlampe hineinleuchtet. Auch sollte bei leichtem Schütteln nichts klappern. So vorhanden, muss natürlich der Autofokus funktionieren.

Bei im Objektiv eingebauten Verschlüssen sollten alle Zeiten richtig ablaufen. Auch hier kann es nämlich zu Verharzungen kommen.

Dellen oder Macken an der Fassung deuten auf einen harten Schlag oder Sturz hin. Das kann zur Dejustage einer oder mehrerer Linsen führen, was wiederum Bilder mit einem ungleichmäßigen Schärfeverlauf zur Folge hat. Leider lässt sich dies aber erst mit einem Probefilm abklären. Solche Objektive sollten also auf keinen Fall zu teuer bezahlt werden. Einzelne leichte Kratzer auf der Frontlinse sind nicht schlimm. Matte Stellen aber weisen auf eine beschädigte Vergütung hin, die sich auf jeden Fall unschön auf unser Bildergebnis auswirken. Besonders bei Weitwinkelobjektiven sollten die Rücklinsen makellos sein.

Zeigen schließlich die Testnegative keine Auffälligkeiten, hat man eine gute Wahl getroffen. Für welche Brennweite und Lichtstärke man sich entscheidet, bestimmt der Bedarf und der Geldbeutel. Bei einer Kamera mit fest eingebautem Objektiv entfällt diese Überlegung ohnehin.

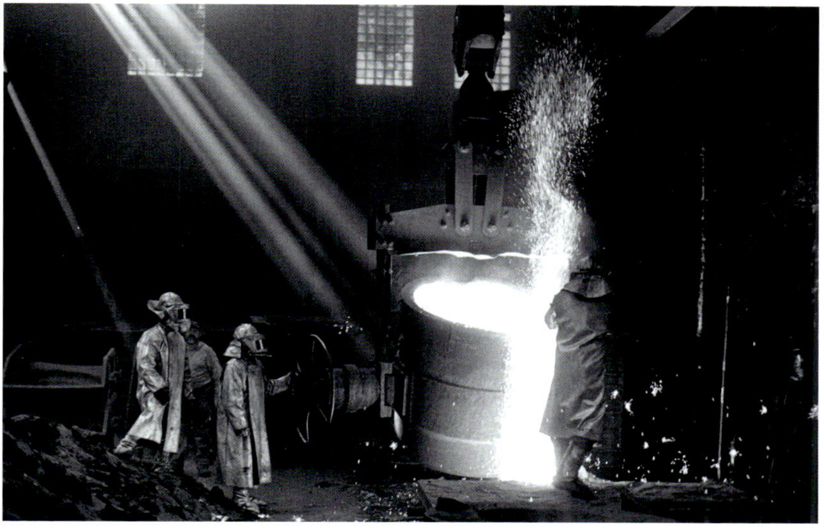

Abbildung 3.7: Gießerei, Göppingen, 2006. Leica, 35 mm, Fuji Neopan 400

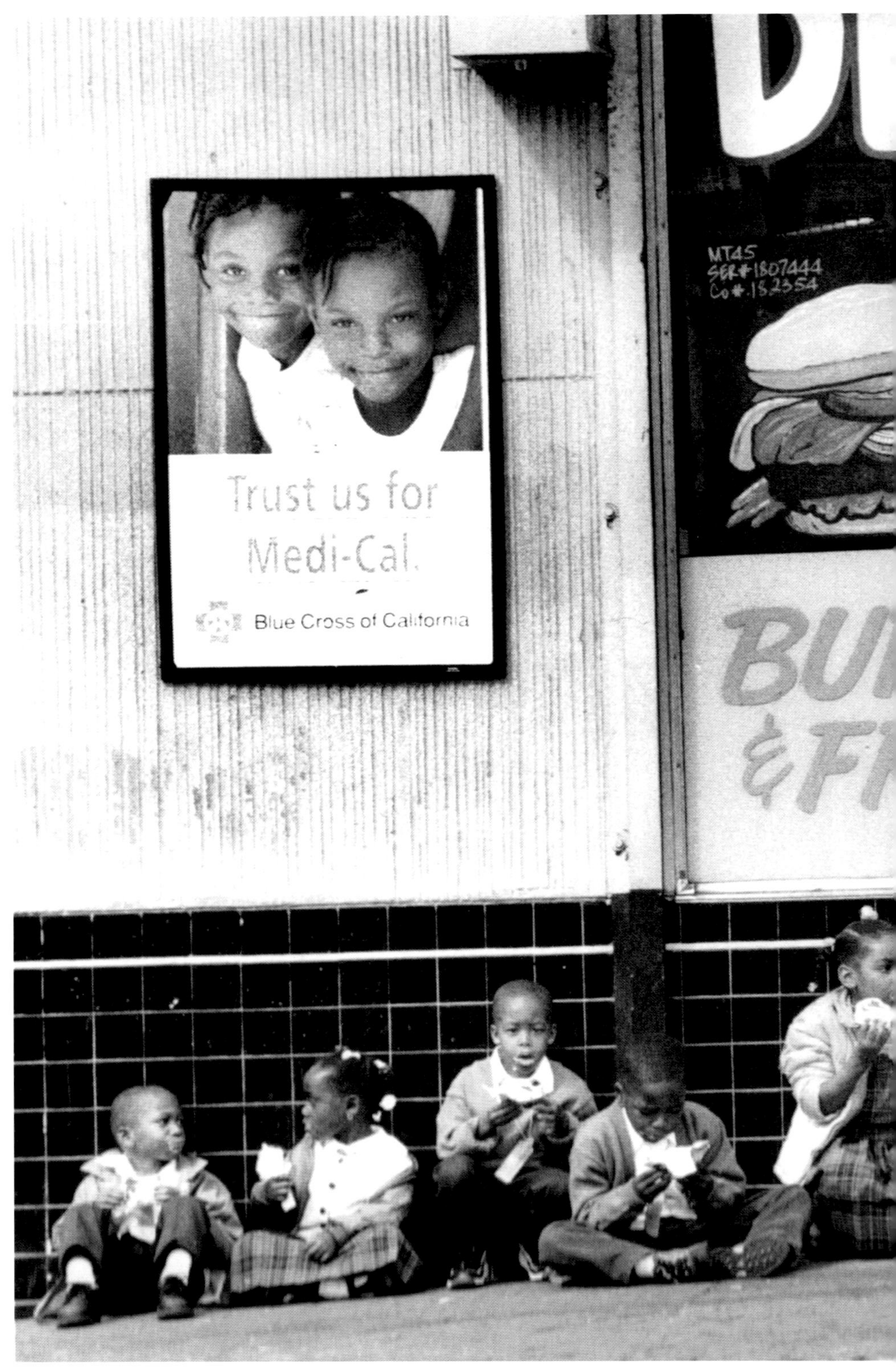

Abbildung 3.8: Essenspause, San Francisco, 1998. Leica, 180 mm, Kodak TRI-X 400

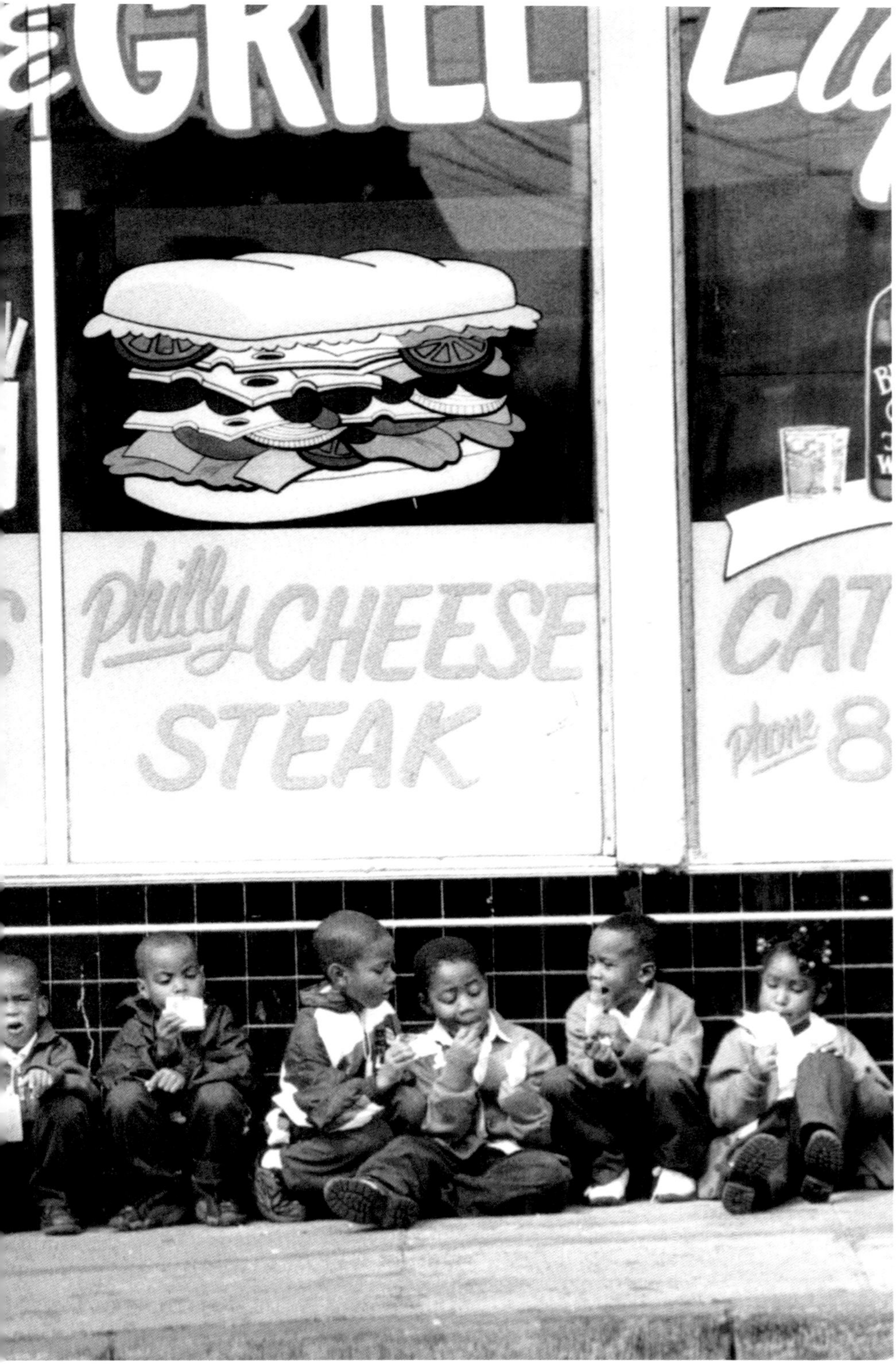

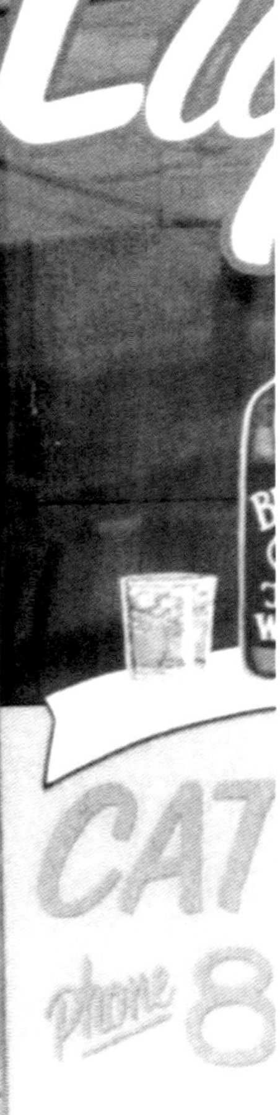
GRILL
Philly CHEESE STEAK
CAT
phone 8

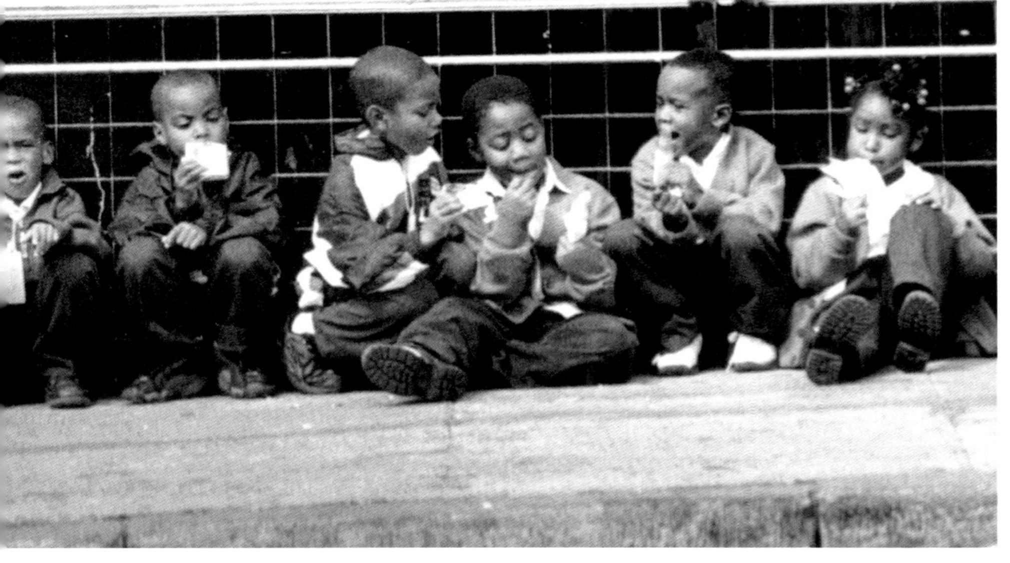

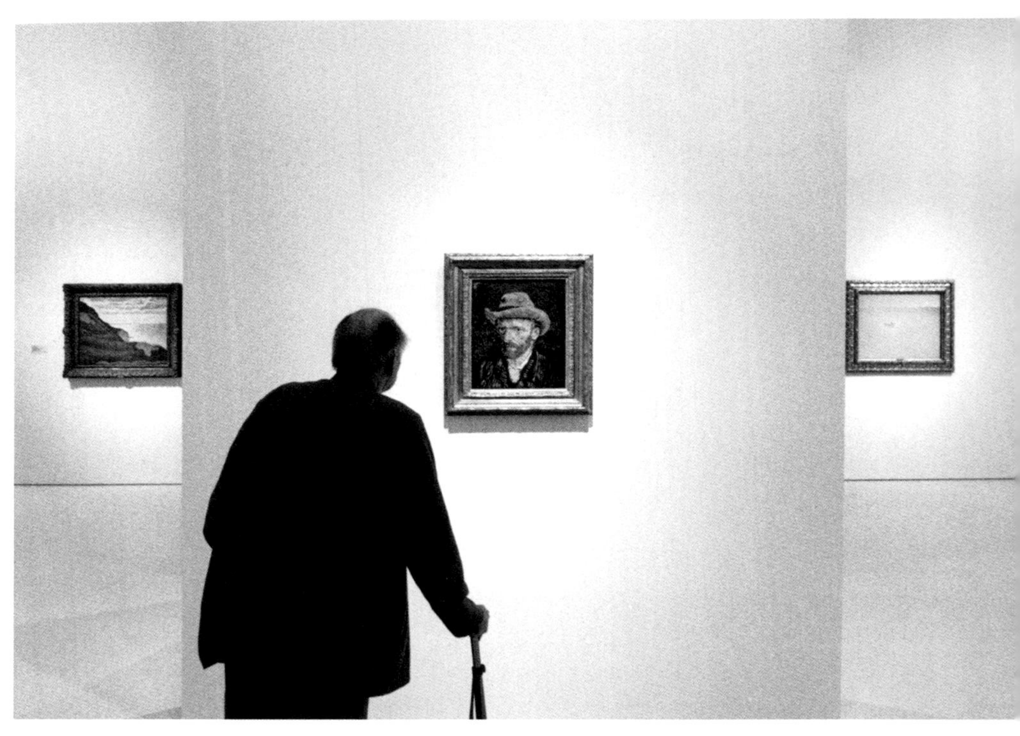

Abbildung 4.1: Van Gogh im Städel in Frankfurt, 2001. Canon EOS, 20-35 mm, Ilford HP5

4

DER FILM UND SEINE ENTWICKLUNG

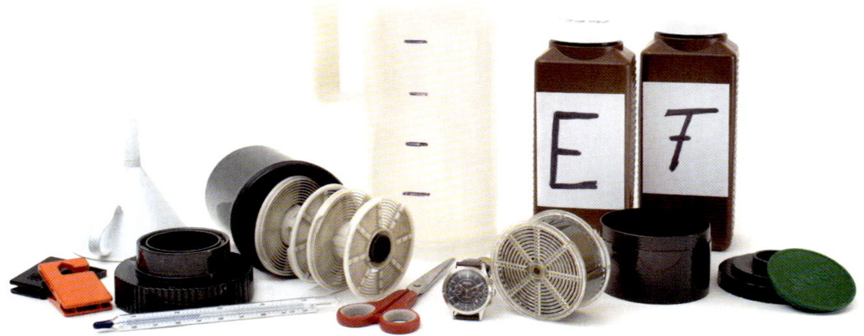

Wer nicht das Glück hat, in der Nähe eines Händlers für analogen Fotobedarf zu wohnen, wird sein Filmmaterial online bestellen. Zwar gibt es erfreulicherweise wieder ein kleines Angebot an SW-Filmen in den Filialen einiger Drogeriemarktketten zu kaufen, für andere Marken oder Empfindlichkeiten wird man aber auf einen der größeren Onlinehändler zurückgreifen müssen.

Abbildung 4.2: Der erste Schnee, Spessart, 2007. Hasselblad, 250 mm, Ilford HP5

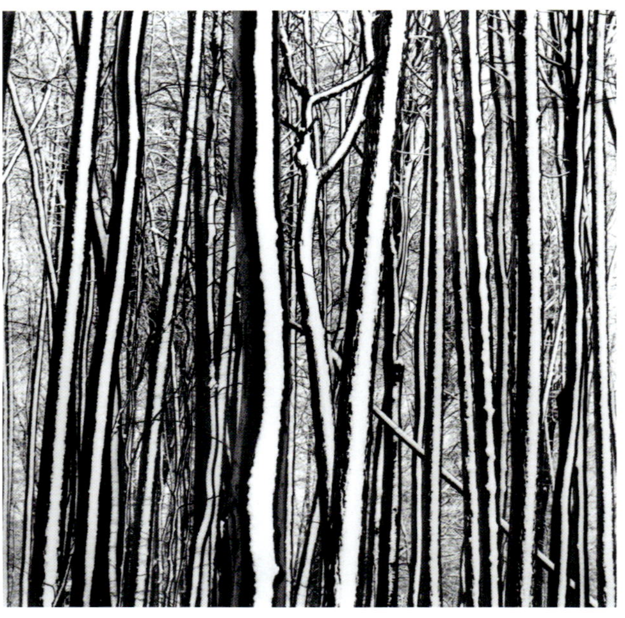

FILMEMPFINDLICHKEIT UND KORN

Die wichtigste Eigenschaft eines Filmes ist neben dem Format seine Empfindlichkeit. Sie wird über die Filmempfindlichkeitsskala an der Kamera eingegeben. Bei Filmen mit einer DX-Codierung geschieht dies automatisch beim Einlegen des Films (wenn Ihre Kamera diese Funktion unterstützt). Die Angabe der Empfindlichkeit gibt darüber Aufschluss, wie »lichtstark« ein Film ist (ähnlich wie die Angabe der Lichtstärke bei Objektiven). Sie setzt sich aus der DIN (Deutsche Industrienorm) und ASA (American Standard Association) zur ISO zusammen und wird mit zwei Werten angegeben:

ISO100/21 bezeichnet einen Film mit 100-ASA- und 21-DIN-Empfindlichkeit. Eine doppelte ASA-Zahl, also 200 ASA, entspricht einer um eine Blenden- oder Zeitstufe höhere Filmempfindlichkeit. 50 ASA hingegen bezeichnen einen um eine Blende unempfindlicheren Film.

In der DIN-Systematik verdoppelt oder halbiert sich die Filmempfindlichkeit immer in 3er Schritten: Ein Film von 24 DIN ist doppelt und einer von 18 DIN halb so empfindlich wie ein 21-DIN-Film. Da sich in der analogen Fotografie die Empfindlichkeit eines Filmes während des Fotografierens nicht verändern lässt, müssen Sie Ihren Film mit gleichbleibender Empfindlichkeitseinstellung belichten.

Grob werden Filme in drei Empfindlichkeitsstufen unterteilt:

- die niedrig empfindlichen Filme von ISO 25/15 bis ISO 64/19.
- die mittel empfindlichen Filme von ISO 100/21 bis ISO 400/27.
- die hochempfindlichen Filme von ISO 800/30 bis ISO 3200/36.

Je empfindlicher ein Film ist, desto ausgeprägter wird seine Körnigkeit oder das in der Vergrößerung sichtbare Korn. Es entsteht durch die Zusammenballung kleinster Silberpartikel während der Filmentwicklung. Genau genommen sind es diese Partikel, die in ihrer Gesamtheit unser Bild formen.

Je stärker Sie ein Negativ vergrößern, desto sichtbarer wird auch das Filmkorn:

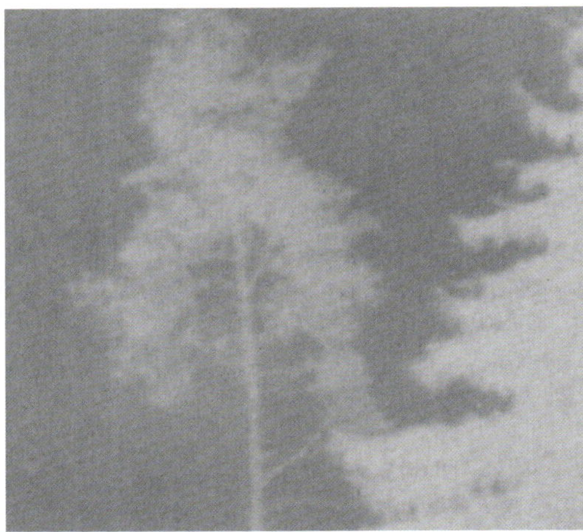

Abbildung 4.3: Feinkörniger ISO 15/25-Film

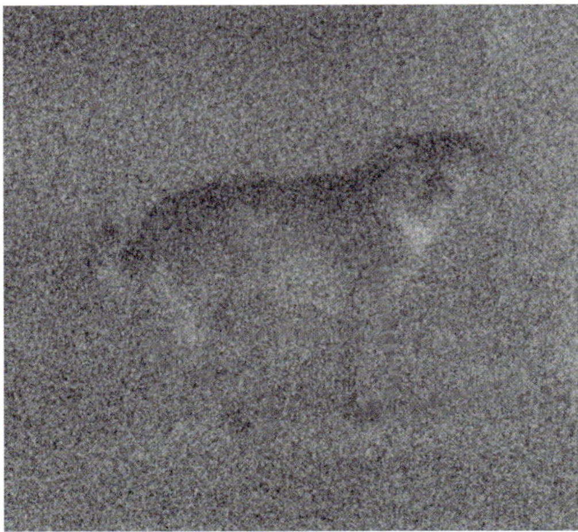

Abbildung 4.4: Grobkörniger ISO 33/1600-Film

Ist ein Film feinkörnig, bleiben auch bei höheren Vergrößerungsfaktoren kleine Details noch gut erkennbar, die in körnigem Material gerne verloren gehen. Feinkörnige Filme sind zudem etwas kontrastreicher als die hochempfindlichen.

Die Wahl der Filmempfindlichkeit beeinflusst also nicht nur die spätere Anmutung unserer Bilder, sondern sie bestimmt auch unsere Flexibilität während des Fotografierens. Denn die niedrige Empfindlichkeit der feinkörnigen Filme schränkt das Fotografieren bei schlechtem Licht stärker ein als die der höher empfindlichen. Die Wahl des Filmes ist somit immer ein Kompromiss zwischen der gewünschten technischen Qualität und dem, was Ihnen die Lichtverhältnisse beim Fotografieren abverlangen.

Abbildung 4.5: Nebel im Taunus, 2012. Leica, 50 mm, Fuji Neopan 400

FILM ENTWICKELN

Auf dem belichteten Film sind unsere Bilder bereits vorhanden. Allerdings sind sie noch nicht sichtbar und können nach wie vor durch Lichteinwirkung zerstört werden.

Die Entwicklung macht sie sichtbar. Lichtunempfindlich werden die Bilder aber erst durch die anschließende Fixage. Die darauffolgende Wässerung macht sie haltbar und archivfest. In dem gesamten Prozess des analogen Fotografierens erscheint mir die Filmentwicklung als der langweiligste Teil, weil Sie in keiner Phase des Prozesses sehen können, was gerade passiert. Gleichzeitig ist sie aber auch der riskanteste Part, können Sie doch nirgendwo sonst so viele Fehler machen, die Ihre Bilder beschädigen oder zerstören. Aus diesem Grund ist es äußerst wichtig, sich penibel an alle Vorgaben zu halten. Ihr Negativ ist ein sehr verletzliches Unikat, das für immer verloren gehen kann, wenn Sie sich Unachtsamkeiten erlauben.

Zur Filmentwicklung benötigen Sie unbedingt:

- Dunkelheit oder einen Wechselsack
- ein präzises Thermometer und eine Uhr
- eine Filmentwicklungsdose mit einer oder mehreren Spiralen, auf die der Film aufgewickelt wird
- Entwickler, Fixierer, Wasser und Netzmittel

Der Film muss in absoluter Dunkelheit auf die Spirale der Entwicklungsdose gespult werden. Sie sollten dies vorab so lange mit einem unbrauchbaren Film bei Licht üben, bis es Ihnen in Fleisch und Blut übergegangen ist (ebenso wie das lichtdichte Verschließen der Entwicklerdose).

Einfacher wird es, wenn der Filmanfang unseres Filmes noch aus der Patrone ragt. Bei Kameras mit manueller Rückspulung haben Sie es mit etwas Aufmerksamkeit beim Zurückspulen selbst in der Hand, motorisierte Kameras hingegen ziehen den Film meistens komplett in die Filmpatrone zurück. Mit einem Filmrückholer kann er aber wieder herausgezogen werden.

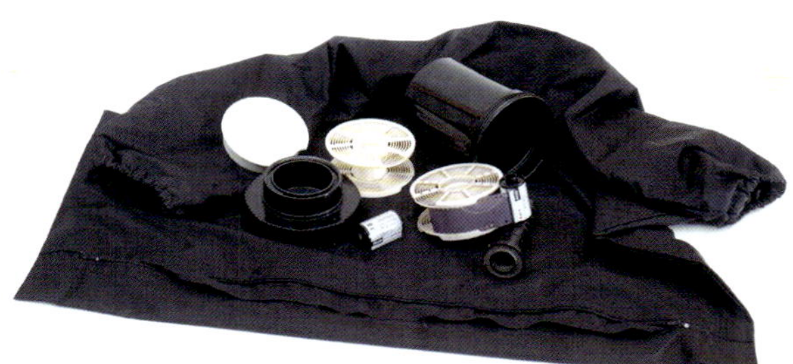

Abbildung 4.6: Wechselsack mit Entwicklungsdose und -spulen für 35 mm-Film

Vorbereitung

Das Einspulen des Filmes auf die Spirale sowie das Einsetzen in die Entwicklungsdose geschieht in absoluter Dunkelheit. Dazu benötigen Sie einen lichtdichten Raum oder einen Wechselsack, in dem Sie auch im Hellen Filme einspulen können. Da die geschlossene Entwicklungsdose lichtdicht ist, werden alle nachfolgenden Schritte bei Licht ausgeführt, auch das Ein- und Abgießen der Chemikalien. Die Dose darf erst nach der Fixage wieder geöffnet werden, davor ist der Film immer noch lichtempfindlich.

Sie beginnen, indem Sie die Filmlasche abschneiden (nicht wegwerfen, Sie werden sie später noch brauchen), die Ecken des Films mit der Schere runden und den präparierten Filmanfang einige Zentimeter tief in die Spirale schieben. Ist die Lasche noch in der Patrone und haben Sie keinen Filmrückholer zur Hand, müssen Sie sie im Dunkeln öffnen (dies geht übrigens sehr gut mit einem Flaschenöffner) und den Filmanfang nach Gefühl in die Spirale fummeln. Hierfür benötigt man Fingerspitzengefühl und etwas Erfahrung. Daher ist es einfacher, wenn der Filmanfang noch aus der Patrone ragt und Sie ihn in die Spirale schieben (für die ersten zwei Zentimeter kann das noch im Hellen geschehen).

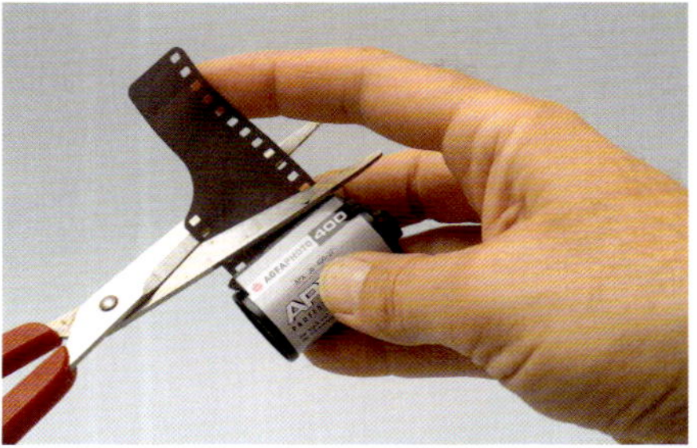

Abbildung 4.7:
Die Filmlasche wird abgeschnitten und die Ecken werden leicht gerundet.

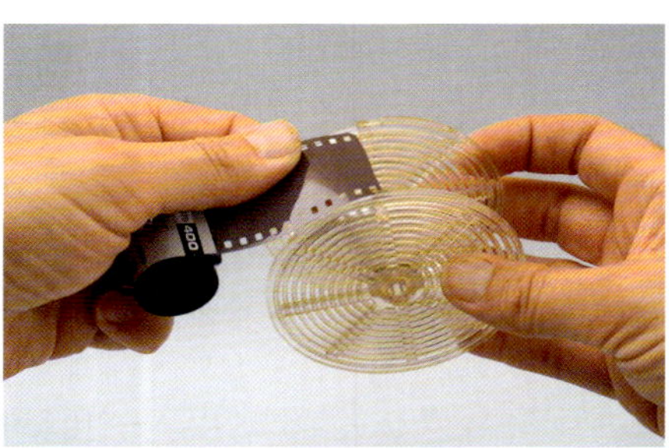

Abbildung 4.8:
Der Filmanfang wird in die Spirale der Entwicklungsdose geschoben.

Nun wird in absoluter Dunkelheit der Film auf die Spirale aufgespult. Dies sollte mit äußerster Vorsicht geschehen und nie mit Kraftaufwand verbunden sein, da sich der kleinste Eindruck oder Knick im Film später irreparabel auf Ihren Negativen abbildet. Auch sollte der Film möglichst nur am Rand angefasst werden. Bei dieser Arbeit helfen Ihnen nun die Trockenübungen im Hellen, denn jetzt, da es ernst ist, können Sie nur mit dem Tastsinn arbeiten. Mitunter nämlich verhakt sich ein Film in der Spirale und will einfach nicht mehr weiter.

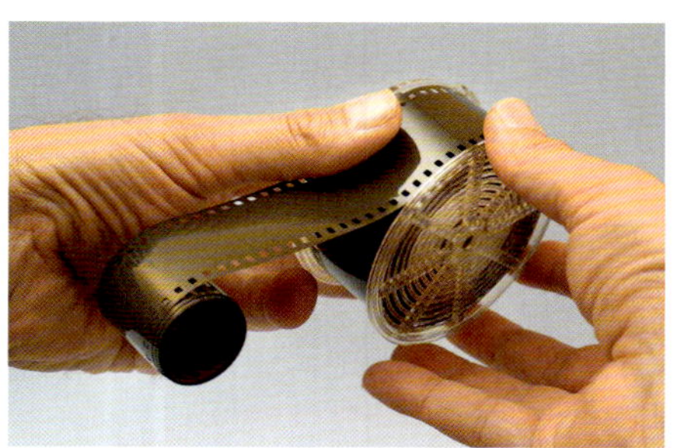

Abbildung 4.9:
LICHT AUS! Der Film wird auf die Entwicklerspirale gewickelt.

Das passiert übrigens unweigerlich auch bei noch feuchten Spiralen, sie sollten also vor der Benutzung vollkommen trocken sein. Ergibt sich ein Problem, können Sie nicht schnell Licht machen, um den Fehler zu suchen, sondern müssen sich im Dunkeln so lange damit abplagen, bis der ganze Film erfolgreich eingespult wurde.

Hinweis

Sollten Sie den Film auch nach mehreren Anläufen nicht auf die Spule bekommen, rollen Sie ihn vorsichtig auf, packen Sie ihn in die Entwicklungsdose und schrauben Sie den Deckel ohne Verkanten auf. Nehmen Sie dann die Hände aus dem Wechselsack und machen Sie eine Pause. Oft klappt es dann beim zweiten Anlauf.

Haben Sie den Film schließlich erfolgreich auf der Spule, kommt er in die Entwicklungsdose, die Sie dann lichtdicht verschließen. Erst jetzt ist der Film wieder sicher untergebracht. Alle weiteren Schritte können Sie im Hellen unternehmen.

Rollfilme werden ähnlich behandelt. Um hier aber an den eigentlichen Film zu gelangen, muss im Dunkeln vor dem Einspulen das Schutzpapier entfernt werden. Planfilme kann man auch in Schalen entwickeln, allerdings muss dann das Licht bis zum Ende der Fixage ausbleiben.

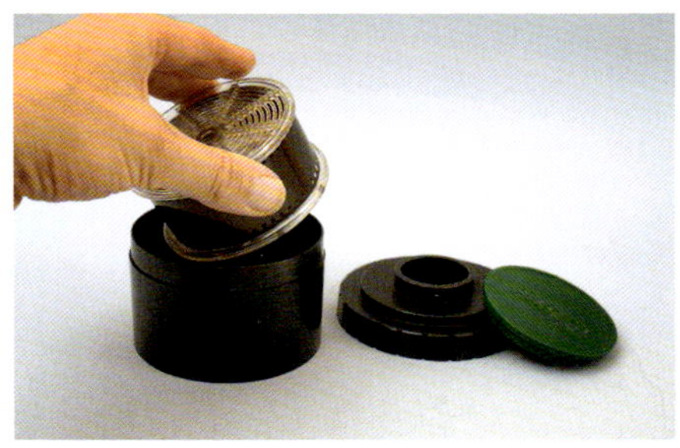

Abbildung 4.10: Die gefüllte Spirale wird in die Entwicklungsdose gesetzt und mit dem Deckel fest verschlossen.

Entwicklung

Die wichtigste Tugend bei der Filmentwicklung ist Pedanterie: Die Angaben zu Zeiten, Verdünnungen und Temperaturen der Entwicklerhersteller müssen genau eingehalten werden. Ebenso gilt es, penibel auf Sauberkeit zu achten: Schon eine kleine Menge Fixierer im Entwicklerbad kann dieses unbrauchbar machen. Der Entwickler selbst produziert dauerhaft braune Flecken auf der Kleidung, während verschütteter Fixierer nach dem Trocknen wieder kristallin wird und sich nur mühsam entfernen lässt.

Bevor ich detaillierter auf die Beschreibung der einzelnen Schritte der Filmentwicklung eingehe, hier ein grober Überblick:

1. 1–2 Minuten Vorwässern. Das ist nicht unbedingt nötig, aber empfehlenswert, weil es einer Bläschenbildung im Entwicklerbad vorbeugt.

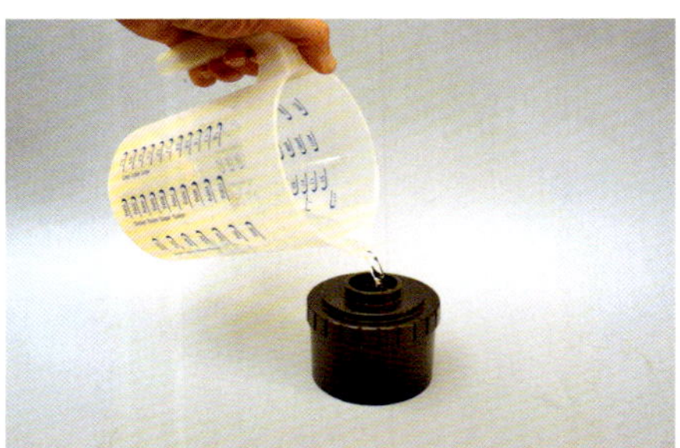

Abbildung 4.11: LICHT AN! Der Film wird ohne viel Bewegung wenige Minuten vorgewässert.

2. Entwickeln nach der vom Hersteller des Entwicklers angegebenen Verdünnung, Zeit und Bewegung für den jeweiligen Film.

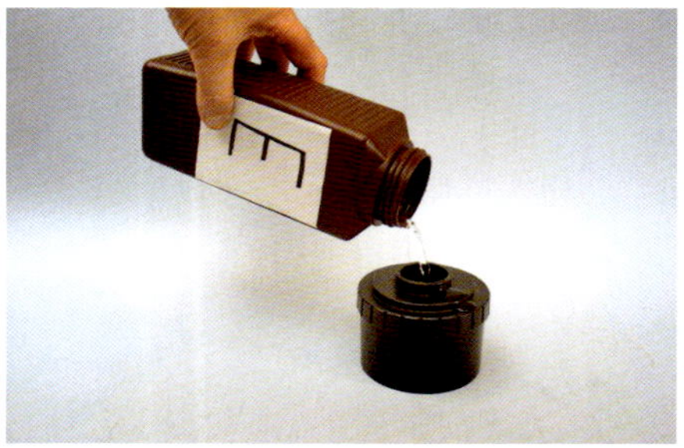

Abbildung 4.12: Das Wasser der Vorwässerung wird abgegossen und der Entwickler eingefüllt.

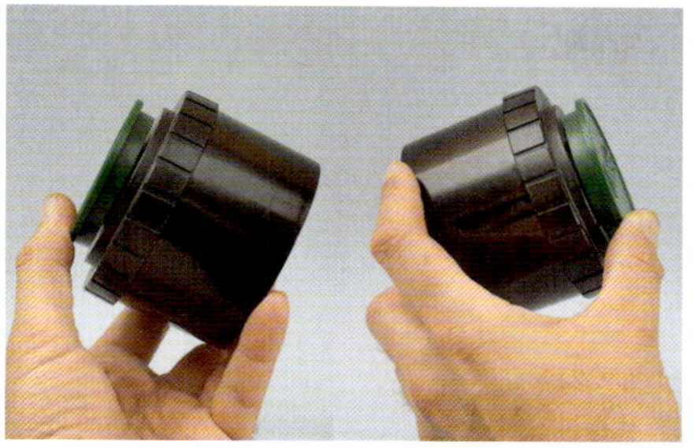

Abbildung 4.13:
Der Film wird nach Herstellerangaben entwickelt. Der Kipprhythmus beträgt meistens 1× pro Minute.

3. Eine kurze Zwischenwässerung.

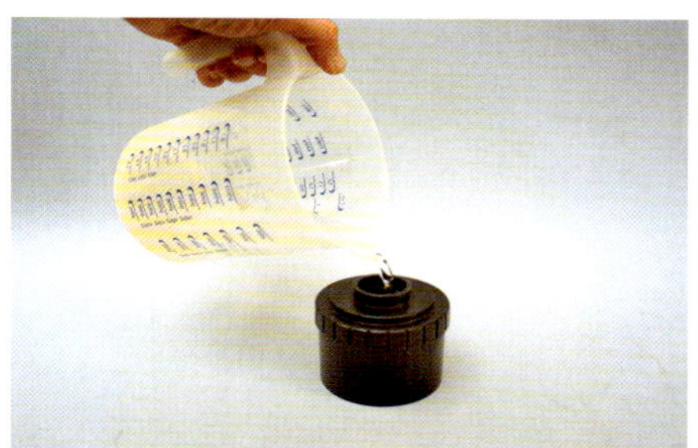

Abbildung 4.14:
Der Entwickler wird abgegossen und der Film kurz zwischengewässert.

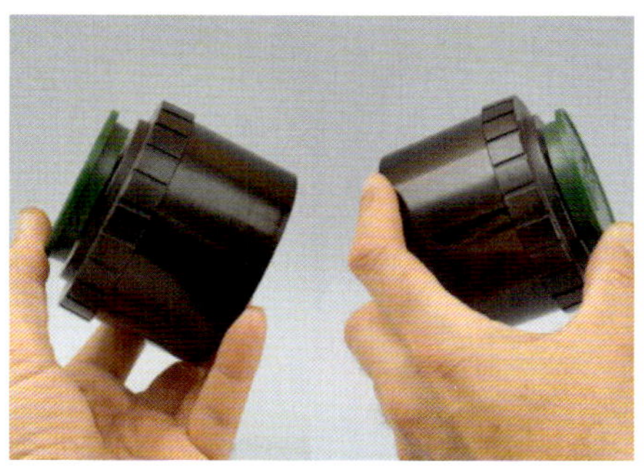

Abbildung 4.15:
Im Zwischenbad wird der Film nur kurz bewegt, dann wird das Wasser abgegossen.

4. Fixieren nach der vom Hersteller angegeben Zeit und Verdünnung. Die meisten Fixierer sind sowohl für den Negativ- als auch den Positivprozess geeignet. Deshalb finden sich für beide Zwecke die entsprechenden Daten auf der Verpackung. Auf Marke oder Empfindlichkeit des Filmes muss bei der Fixage keine Rücksicht genommen werden, ein Kipprhythmus von einer halben Minute ist in jedem Fall richtig.

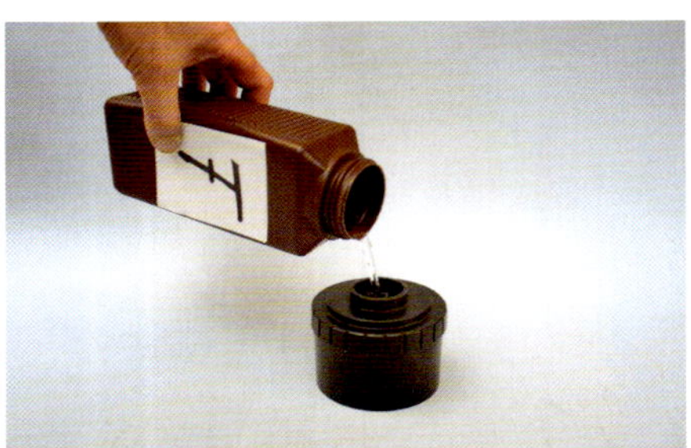

Abbildung 4.16:
Das Fixierbad wird eingefüllt.

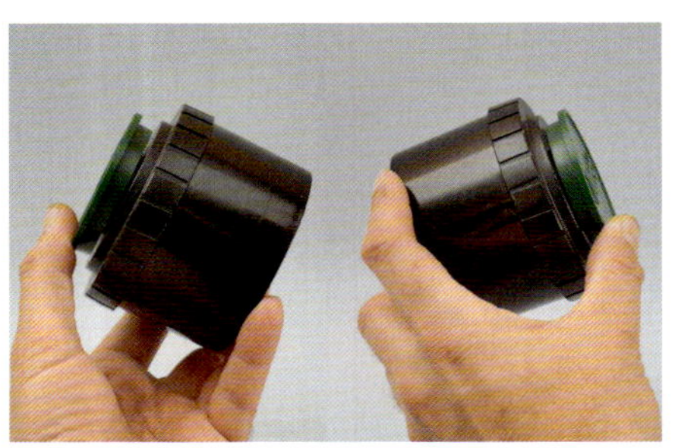

Abbildung 4.17:
Der Film wird nach Angaben des Fixierbadherstellers fixiert.

5. Schlusswässerung

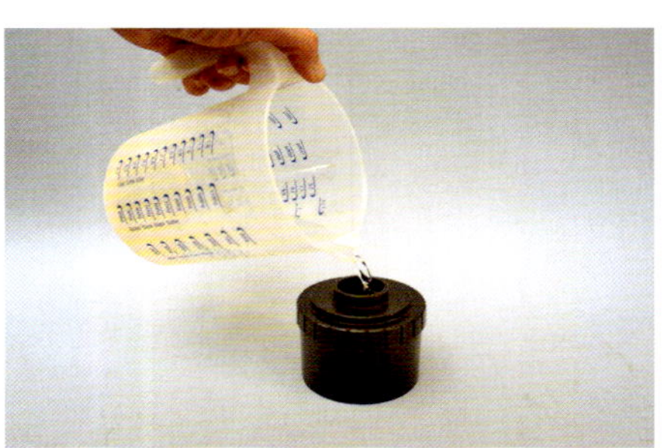

Abbildung 4.18:
Nach dem Abgießen des Fixierers beginnt die Schlusswässerung: Gewässert wird in einem Rhythmus von 3 × 5, 3 × 10 und 3 × 20 (Wasserwechsel × Bewegung).

6. Netzbad

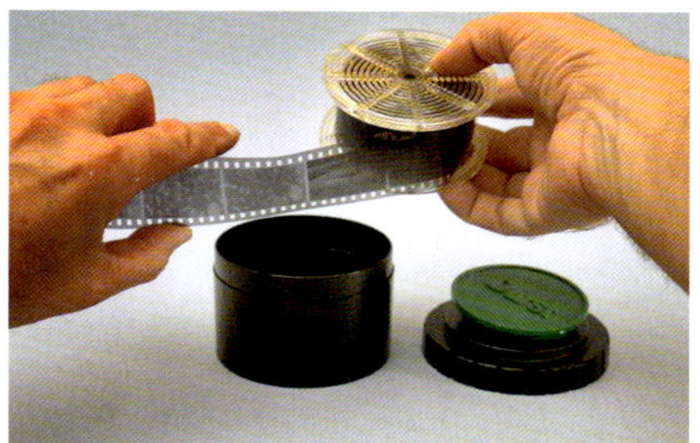

Abbildung 4.19: Nach dem abschließenden Bad in einem Netzmittel ist die Filmentwicklung beendet.

7. Trocknung

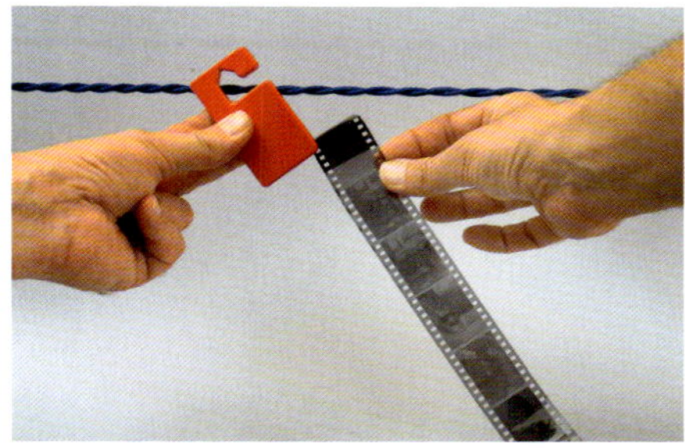

Abbildung 4.20: Der Film wird mit zwei Klammern an einem möglichst staubfreien Ort zum Trocknen aufgehängt.

Wichtig

Alle beteiligten Bäder müssen die gleiche Temperatur haben, im Allgemeinen sind es 20 °C.

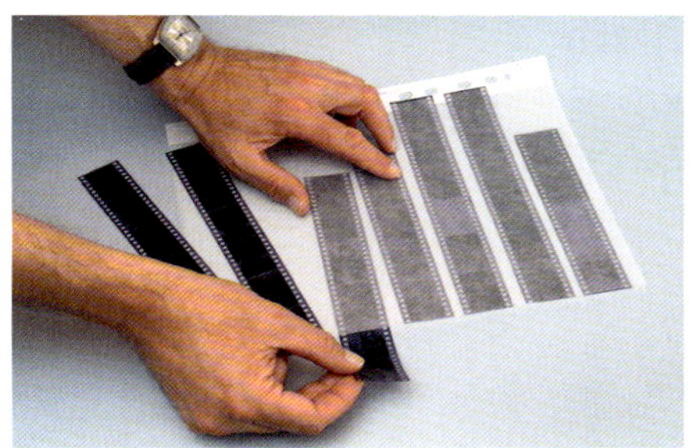

Abbildung 4.21: Nach dem Trocknen wird der Film in 6er Streifen geschnitten und in eine Pergamin- oder Acetathülle gesteckt.

Ich empfehle Ihnen, sich anfangs so lange auf eine Film- und Entwicklerkombination zu beschränken, bis Sie jeden Schritt grundsätzlich beherrschen. Ein mittelempfindlicher Film von ISO 100/21 bis ISO 400/27 ist universell einsetzbar, von feiner Körnigkeit und benötigt keine Sonderbehandlung bei der Entwicklung.

Für diese Filme sind die meisten gebräuchlichen Entwickler gut geeignet. Es gibt sie in Pulverform zum Auflösen oder als Flüssigkonzentrat. Viele Entwickler lassen sich unverdünnt (das heißt mehrere Male) oder mit Wasser verdünnt (als Einmalentwickler, der nach dem Gebrauch weggeschüttet wird) verwenden. Benutzen Sie einen Entwickler mehrfach, müssen Sie sich aufschreiben, wie viele Filme Sie darin bereits entwickelt haben. Nach jeder Nutzung nämlich verlängert sich die Entwicklungszeit um einen geringen Faktor. Zusätzlich gibt es auch eine Höchstzahl an Filmen, die entwickelt werden können, bevor ein Entwickler verbraucht ist.

Diese Berechnungen entfallen bei der Einmalnutzung. Dafür aber verlängert sich die Entwicklungszeit im Vergleich zur unverdünnten Nutzung.

Die Film- und Entwicklerhersteller liefern sehr detaillierte Informationen über die Verwendung ihrer Produkte. An diese Angaben sollten Sie sich auf jeden Fall halten, denn sie werden immer zu einem brauchbaren Ergebnis führen. Sie informieren auch über die Haltbarkeit des Entwicklers. Angesetzte, verdünnte Lösungen sind meist nur kurz, Konzentrate schon deutlich länger und unangesetzte Entwickler in Pulverform nahezu unbegrenzt haltbar.

Der natürliche Feind jedes Entwicklers ist Oxidation durch Sauerstoff. Ebenso wenig mag er Licht. Sie sollten ihn daher in dunklen, fest verschlossenen Behältern unterbringen.

Verdorbenen Entwickler erkennen Sie an seiner Braunfärbung, die durch Alterung und Oxidation entsteht. Am besten schützen Sie ihn vor dem Kontakt mit Sauerstoff, wenn Sie nach jedem Öffnen der Flasche eine geringe Menge eines Schutzgases (wie Tetenal Protectan) hineinsprühen. Das Gas sinkt nach unten und bildet eine dünne Schutzschicht, durch die kein Sauerstoffaustausch mehr stattfinden kann.

Die Entwicklungszeit beginnt nach dem Eingießen des Entwicklers. Während der Entwicklung muss der Film regelmäßig bewegt werden. Dies geschieht meistens durch ein Kippen der Dose in bestimmten Zeitabständen. Sehr oft wird ein Kipprhythmus von 1× pro halber oder ganzer Minute empfohlen. In manchen Entwicklern soll der Film dauerhaft bewegt werden, was aber umstritten ist, weil sich die Bildung der Konturenschärfe dadurch verringern kann. Die meisten SW-Negativprozesse sind auf eine Temperatur aller beteiligten Bäder von 20 °C abgestimmt. Höhere Temperaturen verkürzen die Prozesszeiten, niedrigere verlängern sie.

Bei Temperaturen unter 15 °C wird die Wirksamkeit der Chemie extrem nachlassen, während Temperaturen über 28 °C die Filmschicht beschädigen können. Es ist also empfehlenswert, sich in einem Temperaturrahmen zwischen 18 °C und 24 °C zu bewegen. Die Temperatur aller beteiligten Bäder sollte weitgehend konstant sein, auch die der Schlusswässerung, denn wenn nach einem warmen Bad ein deutlich kälteres eingegossen wird, kann die Schicht des Filmes schrumpfen und reißen. Sogenanntes »Runzelkorn« entsteht (siehe Abbildung 4.29 auf Seite 77), und das ist irreparabel.

Aus diesem Grund ist ein genaues Thermometer bei der Filmentwicklung so wichtig. Entwickeln Sie zu kurz, zu kalt oder mit zu wenig Bewegung, werden die Negative zu »dünn«. Sie erscheinen dann kontrastarm, schwächlich und teilweise durchsichtig.

Entwickeln Sie hingegen zu lange, zu warm oder mit zu viel Bewegung, werden die Negative zu »dicht«. Der Kontrast der dunklen zu den hellen Stellen, welche stark gedeckt sind, ist sehr hoch.

Beide Fehler erschweren Ihnen das Vergrößern und sollten vermieden werden. Darum ist neben dem Thermometer eine präzise Uhr bei der Entwicklung so wichtig.

Bereits beim Fotografieren sollte Ihr Ziel ein möglichst richtig belichtetes Negativ sein. Die Durchzeichnung der Schattenpartien wird durch die Belichtung bestimmt, während die Entwicklung auf die Durchzeichnung der Lichter Einfluss nimmt. Die beiden nachfolgenden Abschnitte zeigen das an jeweils einem Beispiel.

Abbildung 4.22:
Weltkriegsveteranen, Amiens, 1990.
Nikon, 105 mm, Kodak T-Max 400

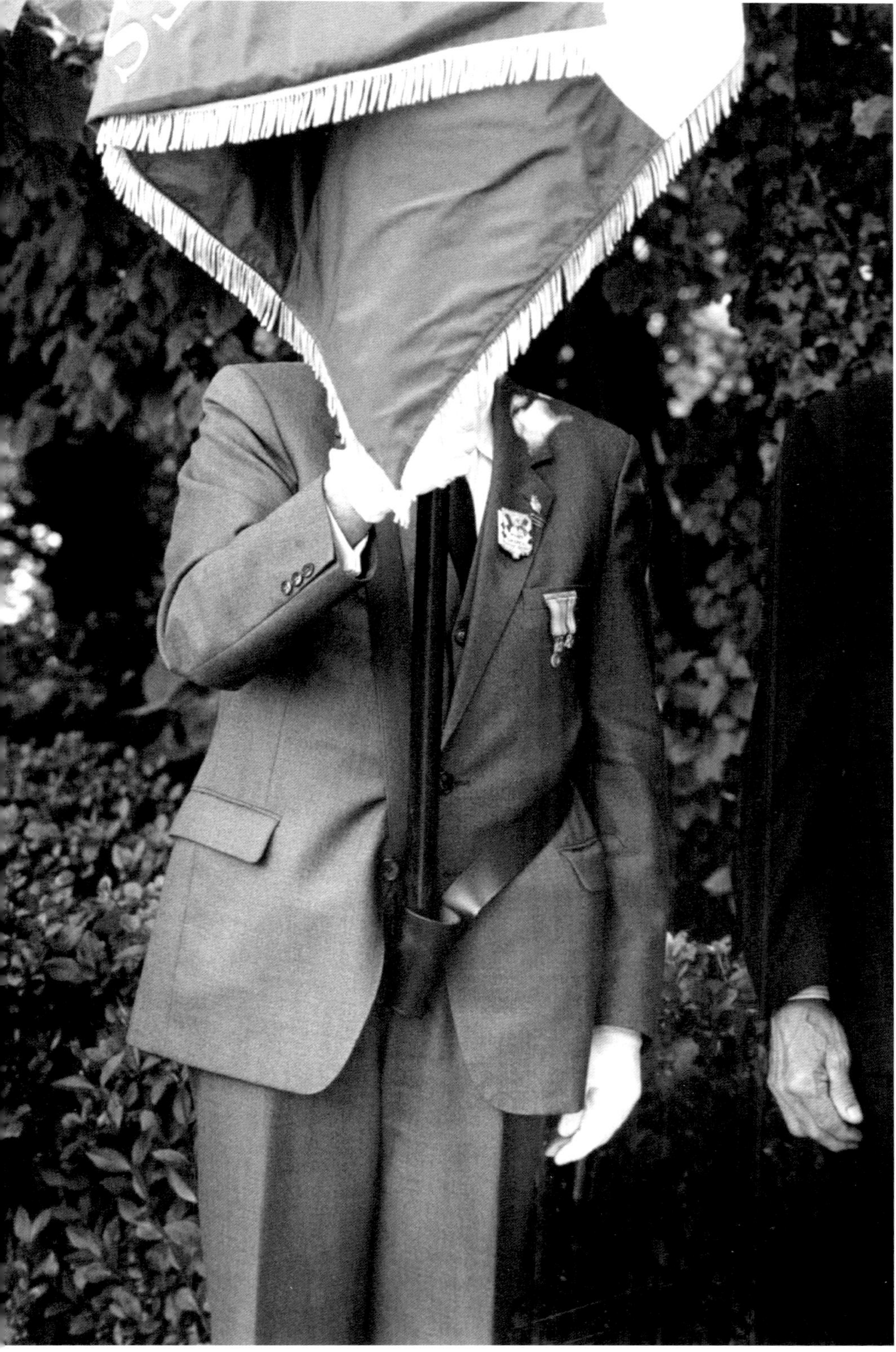

Wie sich unterschiedliche Belichtungen auf Ihr Negativ auswirken

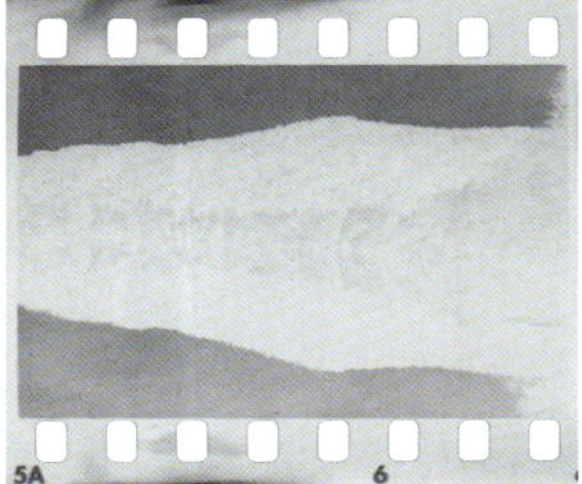

Abbildung 4.23:
Dieses Negativ wurde um drei Blendenstufen unterbelichtet. Gut zu sehen ist, wie wenig Zeichnung in den Schattenpartien ist.

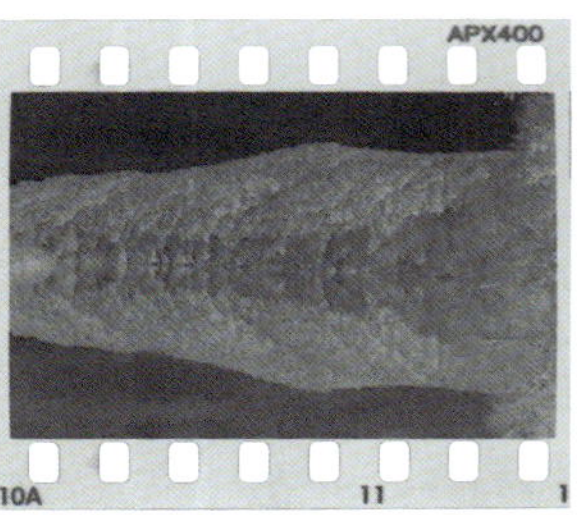

Abbildung 4.24:
Dieselbe Szene, nur diesmal richtig belichtet. Mitten, Lichter und Schatten sind gut durchgezeichnet, insgesamt wirken die Grauwerte harmonisch.

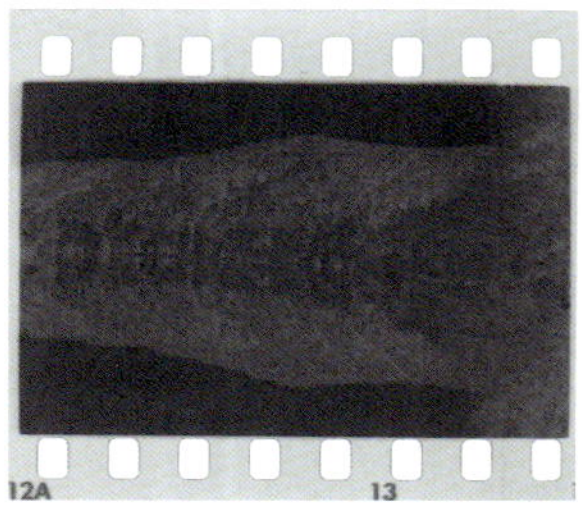

Abbildung 4.25:
So sieht das Motiv mit drei Stufen Überbelichtung aus, das Negativ ist im Ganzen zu sehr gedeckt, und obwohl es mehr als genug Schattenzeichnung hat, wirkt es »soßig«.

An diesen Beispielen ist zu sehen, dass anders als bei fehlerhafter Entwicklung die Schrift am gelochten Rand der Negative immer gleich hell ist. An diesem Detail ist oft zu erkennen, ob der Fehler bei der Belichtung oder bei der Entwicklung gemacht wurde.

Obwohl diese drei Negative einen Belichtungsunterschied von insgesamt sechs Blendenstufen aufweisen, ließe sich aus jedem ein noch brauchbares Bild vergrößern. Die beste Qualität und am wenigsten Mühe beschert uns aber das richtig belichtete Negativ.

Wie sich unterschiedliche Entwicklungen auf Ihr Negativ auswirken

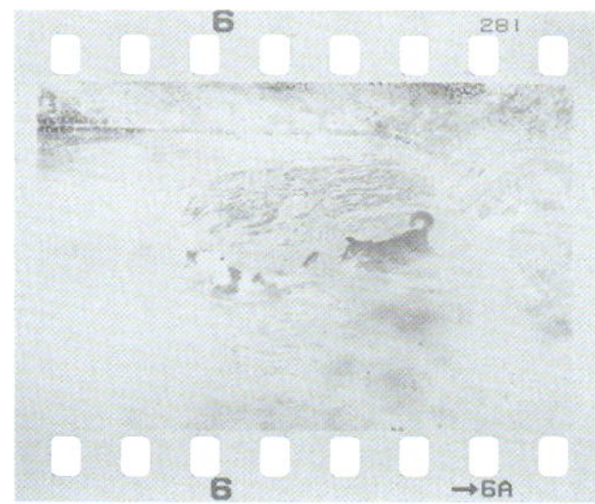

Abbildung 4.26:
Ein unterentwickeltes Negativ. Die Lichter sind flau, die Schatten viel zu dünn. Das ganze Negativ wirkt kraftlos und teilweise durchsichtig. Selbst die Schrift entlang der Lochung am Rand ist blass.

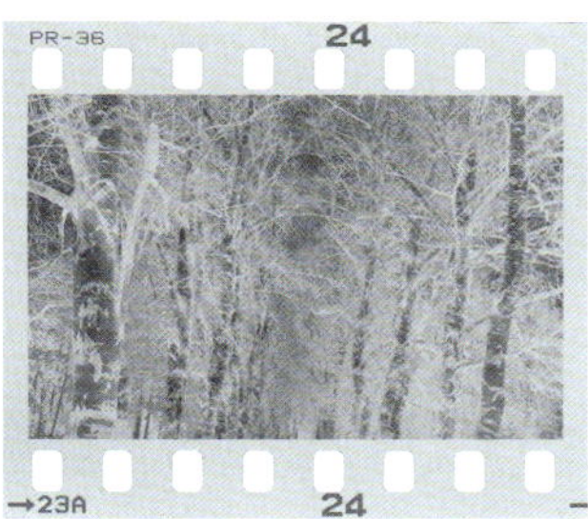

Abbildung 4.27:
Ein richtig entwickeltes Negativ. Lichter und Schatten haben eine gute Durchzeichnung, die Mitteltöne wirken harmonisch. Auch die Beschriftung am Rand ist unauffällig.

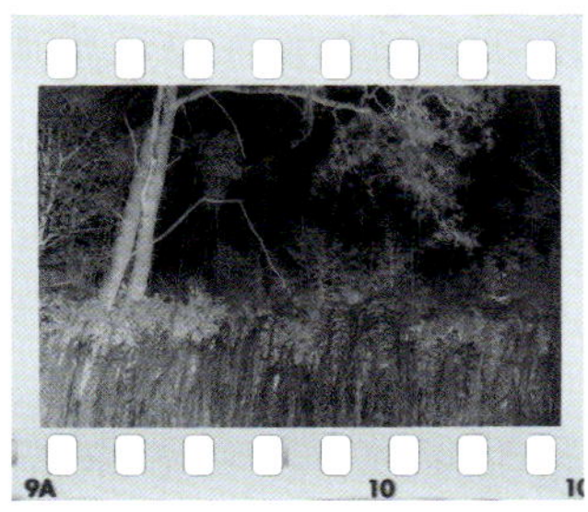

Abbildung 4.28:
Ein überentwickeltes Negativ. Die Lichter sind viel zu gedeckt. Allerdings sind die Schatten gut durchgezeichnet. Die Schrift am Rand ist sehr dunkel.

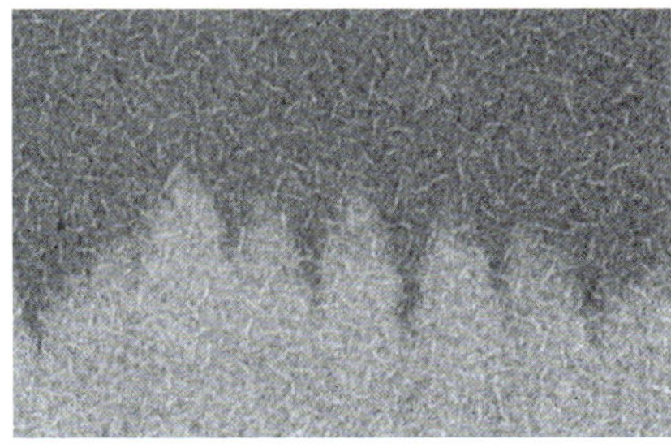

Abbildung 4.29:
Runzelkorn entsteht durch einen zu großen Temperaturunterschied aufeinanderfolgender Bäder. Ist das zweite Bad deutlich kälter als das erste, wird die Schicht des Films »abgeschreckt«. Sie zieht sich zusammen und reißt.

Tipp

Einen versehentlich überbelichteten Film können Sie durch eine Verkürzung der Entwicklungszeit noch gut korrigieren. Bei einem unterbelichteten Film wird aber die Verlängerung der Entwicklungszeit höchstens zu einer Verstärkung der Mitteltöne und Lichter führen, die Schattenpartien bleiben verloren. Belichtet man einen Film bei schlechten Lichtverhältnissen absichtlich knapper (also mit einer höheren ISO-Zahl) und entwickelt ihn dann länger, nennt man das »Pushen«.

Trotzdem werden Sie diese Korrekturen bei bekannter Fehlbelichtung eines Filmes anwenden, um Ihre Bilder wenigstens teilweise zu retten, denn ein schlechtes Negativ ist immer noch besser als gar keines. In der Dunkelkammer haben Sie später etliche Möglichkeiten, auch aus fehlerhaften Negativen ein brauchbares Bild zu machen. Es erfordert nur mehr Mühe.

Ist die Entwicklung beendet und der Entwickler abgegossen, wird durch ein kurzes Zwischenbad mit Wasser der verbliebene Entwickler entfernt und danach der Fixierer eingefüllt. Die Zwischenwässerung schützt das Fixierbad vor einer zu großen Verunreinigung durch den Entwickler, was auf Dauer seine Ergiebigkeit beeinflussen kann. Fixiert wird mit einem Kipprhythmus von einer halben Minute. Die Fixierzeit finden Sie in der Anleitung des Fixierers. Ein leichtes Zuviel an Fixage richtet keinen Schaden an. Eine zu kurze oder durch verbrauchtes Fixierbad ungenügende Fixage wird aber auf Dauer die Haltbarkeit Ihrer Negative verkürzen. Mit der Zeit wird ein Negativ dadurch zerstört.

Es ist also sinnvoll, nicht unendlich viele Filme durch ein Fixierbad zu schicken, sondern dieses am besten schon vor dem Erreichen der vom Hersteller empfohlenen maximalen Filmanzahl zu erneuern.

Das Fixierbad selbst ist nicht unbegrenzt haltbar. Flockt es mit der Zeit aus oder wird es milchig, sollte es auf jeden Fall neu angesetzt werden.

Unabhängig von den Herstellerangaben kann die genaue Fixierzeit auch mit dem Filmschnipsel, den Sie – siehe oben – zu diesem Zweck nicht weggeworfen haben, bestimmt werden: Halten Sie ihn in das Fixierbad, wird er nach einer bestimmten Zeit durchsichtig. Die Verdoppelung dieser sogenannten »Klärzeit« ergibt die Fixierdauer.

Nach der Fixage wässern Sie den Film. Eine ausreichende Schlusswässerung ist unabdingbar für die Haltbarkeit und Archivfestigkeit Ihrer Negative. Dabei ist weniger die Menge des benötigten Wassers entscheidend als vielmehr sein permanenter Austausch an der Filmschicht.

Die Entwicklerdose 20 Minuten lang unter fließendes Wasser zu stellen, ist reine Verschwendung und weitgehend nutzlos, weil der Wasseraustausch hierbei ungenügend ist. Basierend auf einer Empfehlung der Firma Ilford hat sich folgende Methode als wassersparend und äußerst wirksam erwiesen:

1. 3 × wird die Dose mit frischem Wasser gefüllt und jeweils 5 × gekippt
2. 3 × wird die Dose mit frischem Wasser gefüllt und jeweils 10 × gekippt
3. 3 × wird die Dose mit frischem Wasser gefüllt und jeweils 20 × gekippt

Danach ist der Film ausgewässert, archivfest und kann getrocknet werden. Dies führt je nach dem Kalkgehalt des Wassers oft zu Trockenspuren wie Kalkflecken oder Schlieren, die sich nur mühsam wieder entfernen lassen. Das vermeiden Sie durch ein Bad des Films in einem Netzmittel direkt nach der Wässerung. Dadurch trocknet das Wasser homogen und ohne Fleckenbildung ab. Zu vergleichen ist seine Wirkung mit der des Klarspülers in der Spülmaschine. Ich verwende als Netzmittel seit vielen Jahren simples Spülmittel. Es ist überall erhältlich, preiswert und dazu relativ umweltverträglich.

Achtung

Obwohl es in älteren Büchern gerne empfohlen wird, streifen Sie das überschüssige Wasser NIEMALS mit einem Lederlappen oder einer Gummizange vom Film ab. Nass sind Negative viel empfänglicher für Beschädigungen als im trockenen Zustand. Hilfsmittel wie diese sind eine Garantie für Kratzer oder Schichtbeschädigungen aller Art.

Zur Trocknung werden die Filme an jeweils zwei Klammern aufgehängt. Die unteren Klammern sollten ein gewisses Gewicht haben, damit sich die Filme nicht zusammenrollen können. Das Trocknen sollte an einem möglichst staubfreien Platz geschehen. Wer es eilig hat, benutzt dafür einen Trockenschrank oder -sack. Nasse Filme sind ein Magnet für Staub und Flusen. Insofern verbietet sich natürlich der Gebrauch eines Föns, denn er bläst jedes in der Umgebung verfügbare Staubkorn direkt auf Ihren Film und backt es unwiderruflich darauf fest. Ein guter Platz zur Trocknung ist eine Duschkabine. Hier können Filme in Ruhe trocknen, ohne Staub anzuziehen.

Ist der Film trocken, wird er in 6er-Streifen geschnitten und in Pergamin- oder Acetathüllen gesteckt. Pergaminhüllen sind archivfest und konservieren unsere Filme bei allen klimatischen Bedingungen perfekt. Durchsichtige Acetathüllen hingegen vereinfachen die Beurteilung der Negative in der Hülle und erleichtern das Anfertigen von Kontaktbögen. Sie können allerdings bereits bei leichter Feuchtigkeit zu einem Verkleben der Negative mit der Hülle führen. Insofern sind Pergaminhüllen für die langfristige Aufbewahrung besser geeignet.

Für diejenigen, die ihre Negative mit einem Scanner digitalisieren und weiterverarbeiten wollen, endet dieser Ratgeber hier. Für alle anderen, die den traditionell verarbeiteten Abzug möchten, beginnt nun die Welt des Vergrößerns in der Dunkelkammer.

Abbildung 4.30: See in den Pyrenäen, 2015.
Leica, 50 mm, Fuji Neopan 400

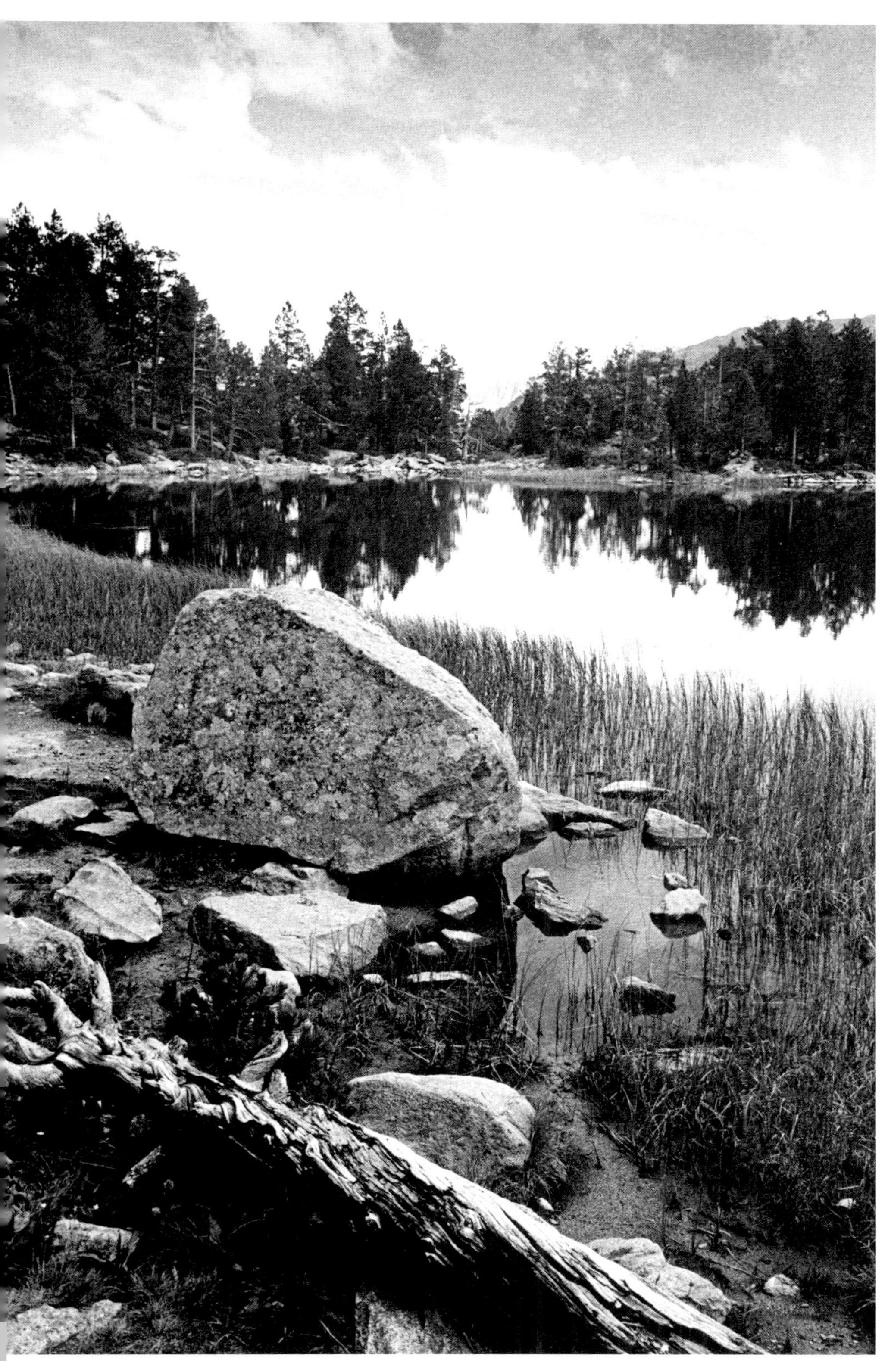

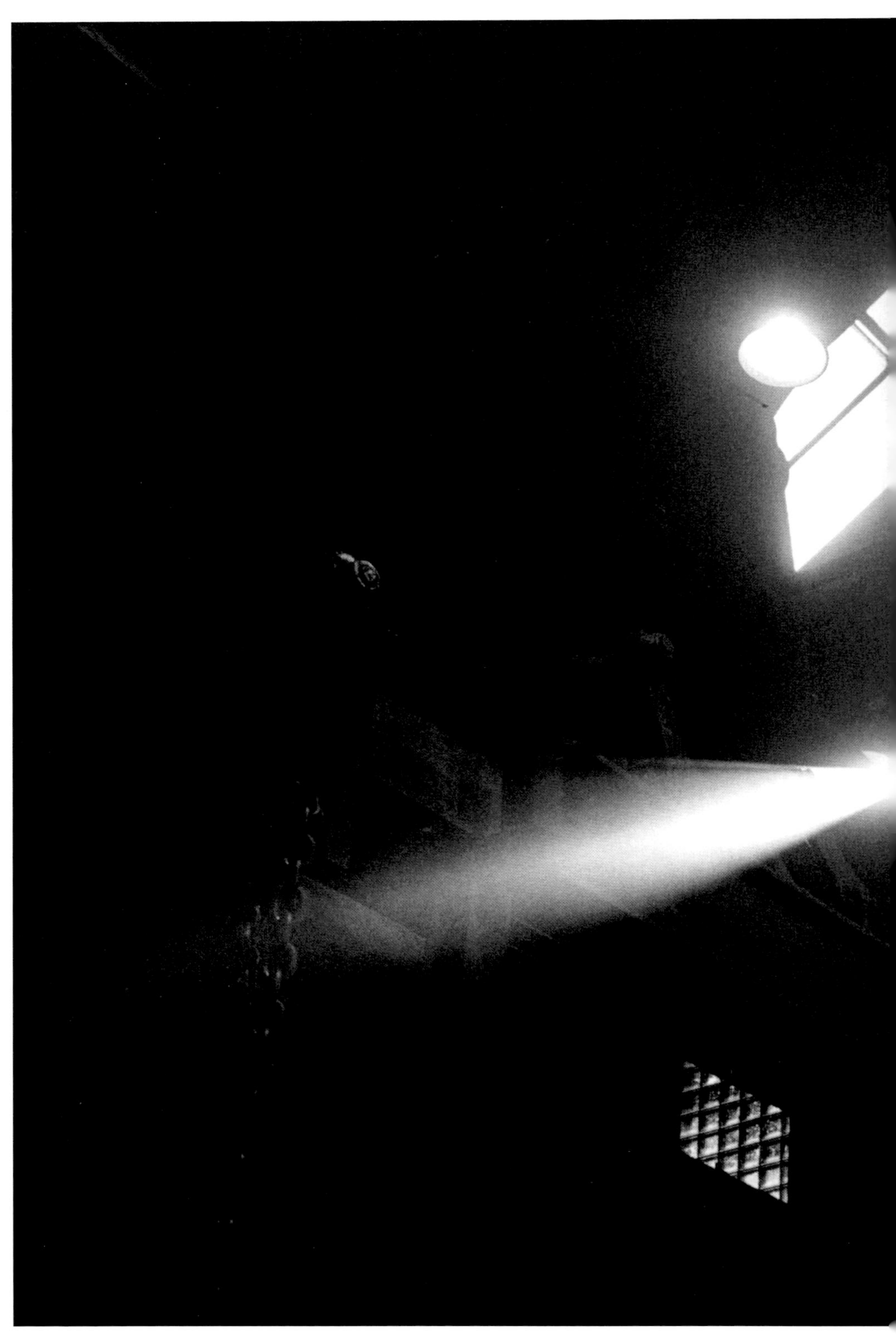

Abbildung 4.31: Gießerei, Göppingen, 2006. Leica, 35 mm, Fuji Neopan 400

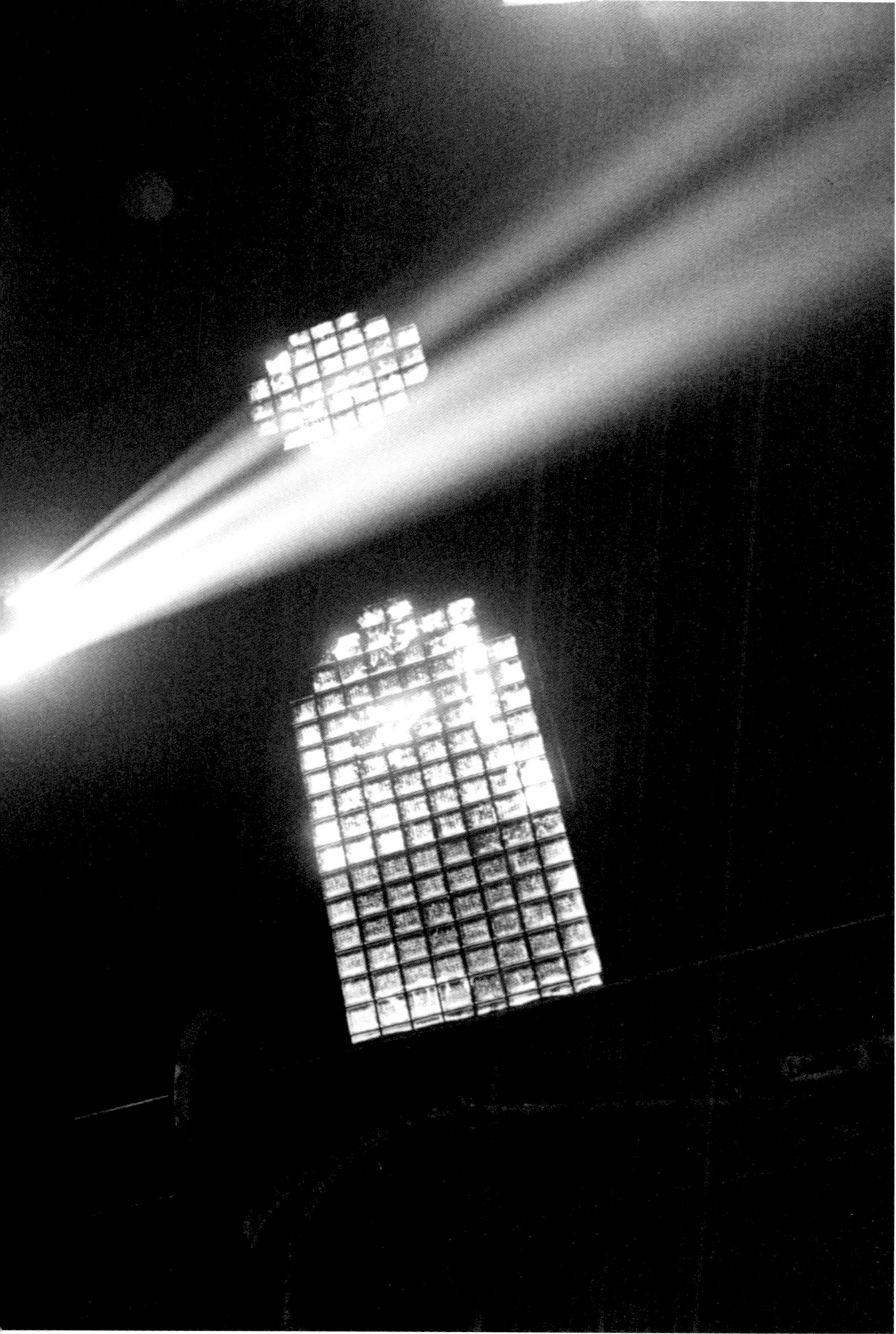

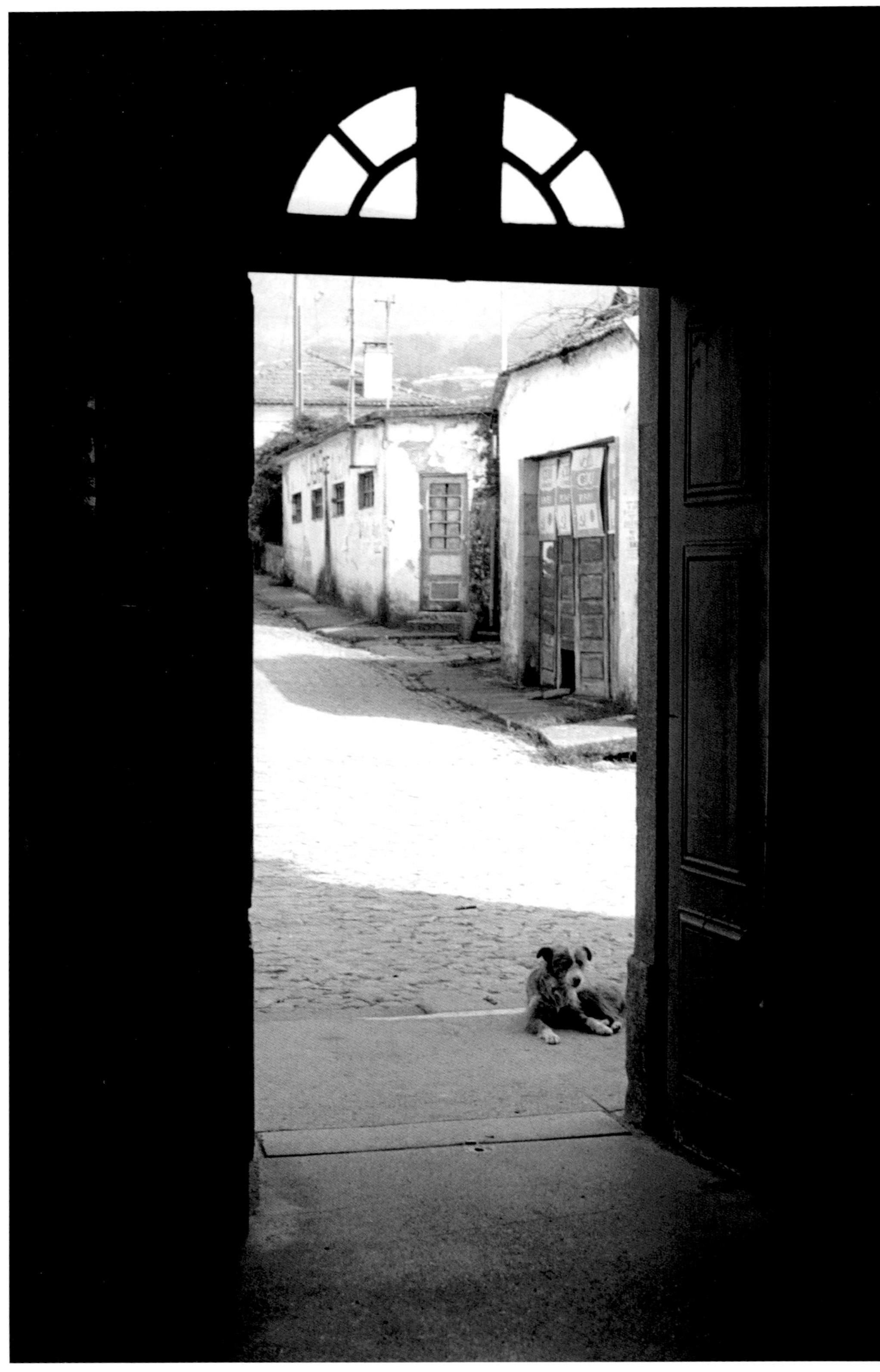

Abbildung 5.1: Hauseingang in Lissabon, 1990. Leica, 50 mm, Ilford Pan F 50

5

DIE DUNKELKAMMER

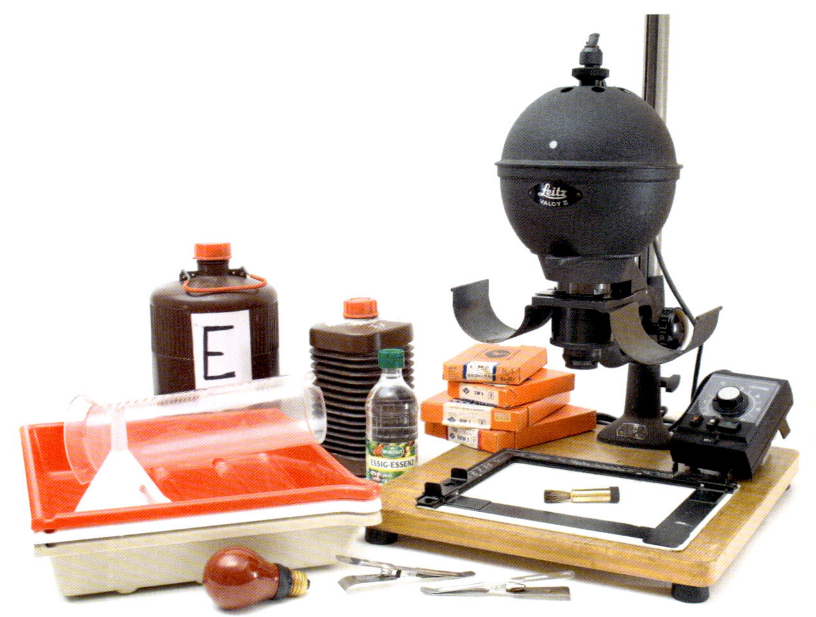

Genau genommen ist Bezeichnung »Dunkelkammer« ein wenig irreführend, da Sie in der analogen Fotografie abgesehen vom Einspulen Ihres Films in die Entwicklungsdose nirgends absolute Dunkelheit benötigen.

Um aus Ihrem Negativ ein Schwarzweißbild zu machen, müssen Sie es umkopieren. Das bedeutet nichts anderes, als seine »verkehrten« Grauwerte wieder in die »richtigen« umzuwandeln, in ein Positiv also.

Im Positivprozess belichten Sie Ihr Negativ auf ein Stück Fotopapier, das dann analog zur Filmentwicklung entwickelt, fixiert, gewässert und getrocknet wird. Fotopapier arbeitet ebenso umkehrend wie Ihr Film. Indem Sie Ihr Negativ nochmals umkehren, erlangt es wieder natürliche Grauwerte, wird also ein Positiv.

Im Gegensatz zu Film ist SW-Fotopapier nicht für alle Lichtfarben empfindlich. Das wäre nämlich unnötig. Weil fast alle erhältlichen Fotopapiere für rotes Licht »blind« sind, können Sie beim Positivprozess eine rote Dunkelkammerleuchte einsetzen, was Ihnen das Hantieren in absoluter Dunkelheit erspart (man kann dabei sogar recht gut sehen). Fotopapier ist nicht so lichtempfindlich wie Film. Trotzdem darf es nur im Dunkeln oder bei Dunkelkammerbeleuchtung ausgepackt werden. Jede andere Lichtart macht es unbrauchbar.

Der direkte Weg zu einem Positiv ist die Kontaktkopie. Hierfür legen Sie das Negativ auf ein Fotopapier, beschweren es mit einer Glasplatte und belichten das Ganze mit einer Lampe oder mit Tageslicht. In der Ära der großformatigen Negative war diese Technik weit verbreitet, und viele Großbildfotografen wenden sie auch heute noch an. In der Welt der Kleinbildfotografie wird sie aber nur noch zur Anfertigung von Kontaktkopien aller Bilder eines Filmes (sogenannte »Kontaktbögen«) benutzt, damit diese einfacher beurteilt werden können.

DER VERGRÖSSERER

Um aber ein Positiv zu bekommen, das größer als das Negativ ist, müssen Sie es vergrößern: Dabei durchleuchtet eine Lichtquelle Ihr Negativ und projiziert sein Abbild mit Hilfe eines Objektivs auf das Fotopapier. Dazu brauchen Sie einen Vergrößerungsapparat mit Objektiv, beide müssen Ihrer Negativgröße entsprechen. Mit einem Gerät für große Negative kann man im allgemeinen auch kleinere Negative verarbeiten, umgekehrt ist dies jedoch nicht möglich. Vor dem Erwerb eines Vergrößerers sollten Sie also genau wissen, mit welchen Filmformaten Sie ihn benutzen möchten.

Wie so vieles in der analogen Fotowelt gibt es Vergrößerer sowohl neu als auch gebraucht zu kaufen. Da sie recht einfachen Konstruktionsprinzipien folgen, kann im Allgemeinen nicht viel daran kaputt gehen. Das einzig regelmäßig zu wechselnde Verschleißteil ist die Birne für die Beleuchtung. Die anderen Bauteile sind überwiegend wartungs- und verschleißfrei. Unter den Vergrößerern gibt es Modelle mit und ohne Autofokus und verschiedene Prinzipien der Beleuchtung, auf die ich später kurz eingehen werde.

Wirklich wichtig sind aber im Prinzip nur zwei Eigenschaften:

- Die Negativebene (also die Bildbühne, in der das Negativ liegt) muss absolut parallel zum Objektivträger und zur Grundplatte des Vergrößerers sein. Schon eine geringe Abweichung führt im Bild zu einem ungleichmäßigen Schärfeverlauf.
- Die Ausleuchtung sollte über das gesamte Bildfeld hinweg gleichmäßig sein, damit das Bild keine störenden Helligkeitsverläufe zeigt.

Um die sogenannten »Newtonschen Ringe« (das sind sehr unschöne ellipsenförmige Ringe, die durch den Kontakt der glatten Negativseite mit dem Glas der Bildbühne entstehen können) zu vermeiden, sollte das obere Glas der Bildbühne, das mit der glatten oberen Seite unseres Negativs in Berührung kommt, ein Anti-Newton-Glas sein.

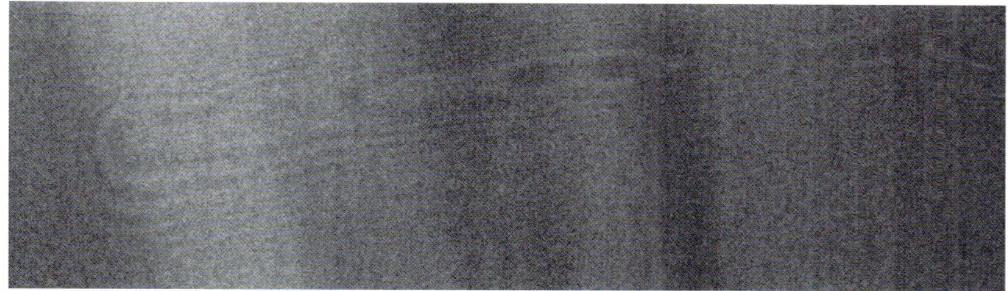

Abbildung 5.2: Leicht angerautes Glas verhindert Newton-Ringe, wie die hier abgebildeten. Jede Bildbühne sollte möglichst damit ausgestattet sein. Bei glaslosen Bühnen entfällt diese Problematik natürlich.

Ob Sie sich für ein Gerät mit automatischem oder manuellem Fokus entscheiden, ist Geschmackssache und dem Endergebnis nicht anzusehen. Die automatische Scharfeinstellung ist etwas komfortabler und schneller. Da Sie im Labor aber mit Zeit und Geduld arbeiten sollten, ist Schnelligkeit ein vernachlässigbarer Faktor. Einen Einfluss auf Ihr Bild hat allerdings die Wahl des Beleuchtungskopfes. Völlig ausreichend ist die einfache Kombination einer mattierten Glühbirne mit einem Kondensor. Diese klassische Konfiguration der direkten Lichtführung führt zu ausgesprochen scharfen Vergrößerungen. Allerdings werden hierbei auch das Filmkorn und kleine Kratzer oder Verunreinigungen wie Staubpartikel oder Flusen auf dem Negativ in der Vergrößerung deutlich abgebildet.

Bei den diffusen Beleuchtungseinrichtungen wird das Licht des Leuchtmittels über eine Diffussionsbox auf das Negativ geleitet, was zu einer eher weichen Ausleuchtung führt, bei der Störungen deutlich weniger in Erscheinung treten. Gute Ergebnissen ermöglichen beide Bauarten. Sie sollten allerdings beachten, dass die diffus arbeitenden

Köpfe oft spezielle und mitunter recht teure Halogenlampen benötigen. Die Kondensorgeräte hingegen begnügen sich mit einfachen mattierten Glühbirnen, die weitaus preiswerter sind.

Diffus beleuchtete Vergrößerer sind meistens mit einem Farbmischkopf oder einem Multigradekopf ausgestattet, welche die Arbeit mit Multikontrastpapieren erleichtern. Dazu später mehr.

Die Anschaffung eines guten Vergrößerungsobjektives ist empfehlenswert. Zwar gibt es kaum richtig schlechte Exemplare, doch bietet ein hochwertiges Objektiv die Sicherheit, dass sich die ganze Güte des Negatives auch auf der Vergrößerung wiederfindet. Grundsätzlich gilt: Je besser Ihr verwendetes Material ist, umso weniger werden überflüssige technische Probleme Sie vom Wesentlichen, nämlich Ihrem Bild, ablenken.

SCHALEN, ZANGEN, BÄDER, SCHALTUHR UND DUNKELKAMMERLEUCHTE

Neben dem Vergrößerungsgerät benötigen Sie eine präzise Schaltuhr zur Steuerung der Belichtungszeiten, einen Vergrößerungsrahmen, in den Sie das Fotopapier während der Belichtung einlegen, drei Schalen für die Verarbeitung des Fotopapiers in Entwickler, Stoppbad und Fixierer, mindesten zwei Zangen, mit denen Sie die Bilder von Schale zu Schale transportieren, und eine anständige Dunkelkammerleuchte. Hierfür genügt es nicht, eine orangefarbige Partyleuchte zu verwenden, sondert diese doch zu viele unerwünschte Spektralfarben ab, die Ihr Bild verschleiern werden. Empfehlenswert ist der Kauf einer speziell abgestimmten roten Glühbirne oder einer LED-Leuchte die eingeschraubt in eine einfache Lampenfassung Ihren Zwecken völlig genügt.

Wichtig

Der nasse Bereich der Dunkelkammer sollte strikt vom trockenen getrennt werden.

Da Positivchemie ebenfalls auf Temperatur reagiert, sollten Sie in der Dunkelkammer möglichst in einem Temperaturrahmen von 15 °C–28 °C arbeiten. Extreme Temperaturen oder Temperaturunterschiede zwischen den Bädern schaden den Fotopapieren zwar nicht; bei allzu niedrigen Temperaturen verliert aber der Entwickler recht zügig seine Wirkung. Sehr hohe Temperaturen können außerdem zu einer Schleierbildung oder einer Verschiebung des Farbtons der Vergrößerung führen.

Entwickler und Fixierer mixen Sie nach Herstellerangaben. Als Unterbrecherbad verwenden Sie Leitungswasser, in das Sie einen Schuss konzentriertes Stoppbad geben. Dieses leicht saure Bad hilft dabei, die Entwicklung zu unterbrechen und verhindert, dass zu viel vom basischen Entwickler in den sauren Fixierer gelangt, was auf Dauer dessen Wirksamkeit mindert. Klare Essigessenz ist hierfür übrigens hervorragend geeignet, obendrein ist sie preiswert und biologisch gut abbaubar. Entwickler und Fixierer können mehrfach verwendet werden. Das Stoppbad wird nach jedem Gebrauch entsorgt.

Wichtig

Der Entwickler darf keinesfalls durch das saure Stoppbad oder den Fixierer verunreinigt werden, er verliert dadurch schnell seine Wirksamkeit. Aus diesem Grund benutzt man eine Laborzange ausschließlich im Entwickler, die andere ist dem Stopp- und Fixierbad vorbehalten.

Anschließend wässern Sie mit Leitungswasser. Auch hier sind nicht Menge oder Zeit entscheidend, sondern der stetige Austausch bei nicht allzu niedrigen Temperaturen.

HELLIGKEIT UND KONTRAST DER VERGRÖSSERUNG

Sind alle Bäder vorbereitet, die Dunkelkammer dunkel und die Dunkelkammerleuchte an (diese sollte übrigens nicht auf das Grundbrett des Vergrößerers, sondern auf die Schalen mit der Chemie gerichtet sein), legen Sie Ihr Negativ mit der matten Seite (der sogenannten »Schichtseite«) nach unten und auf dem Kopf stehend in die Bildbühne des Vergrößerers ein.

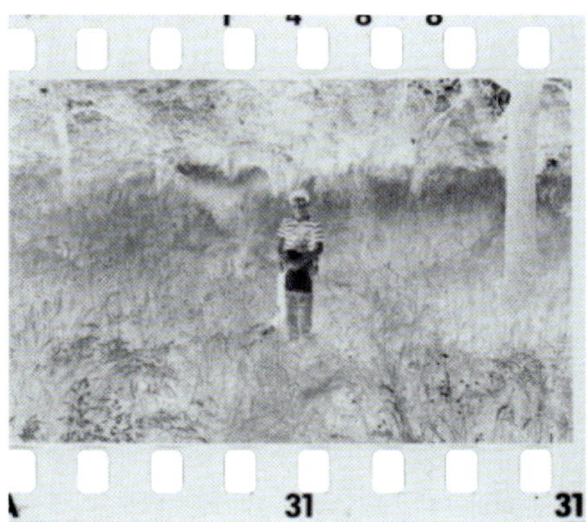

Abbildung 5.3:
Dieses Negativ ist in seinen Grautönen sehr ausgewogen. Es enthält reines Weiß und tiefes Schwarz. Der bildwichtige Teil in der Mitte ist gut beleuchtet und der hell-dunkel Kontrast sehr moderat.

Zuvor haben Sie es im Lichtkegel des Vergrößerers sehr genau auf Staub oder Flusen untersucht, die Sie, so vorhanden, mit einem kleinen Blasebalg oder einem sehr weichen Pinsel entfernt haben. Ebenso verfahren Sie mit allen Glasflächen der Bildbühne. Jede Verunreinigung wird nämlich mitvergrößert und muss am fertigen Bild später mühsam retuschiert (»ausgefleckt«) werden. Sorgfalt beim Einlegen des Negativs erspart Ihnen daher am Ende viel Zeit und Arbeit.

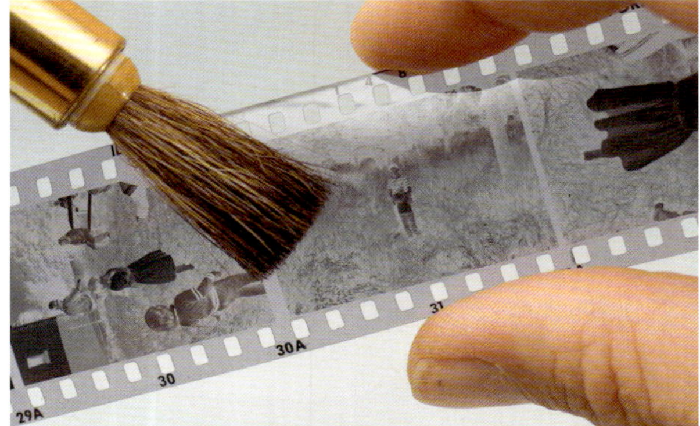

Abbildung 5.4: Sie beginnen mit der Suche nach Staubkörnchen oder Flusen, die Sie mit einem weichen Pinsel vorsichtig beseitigen.

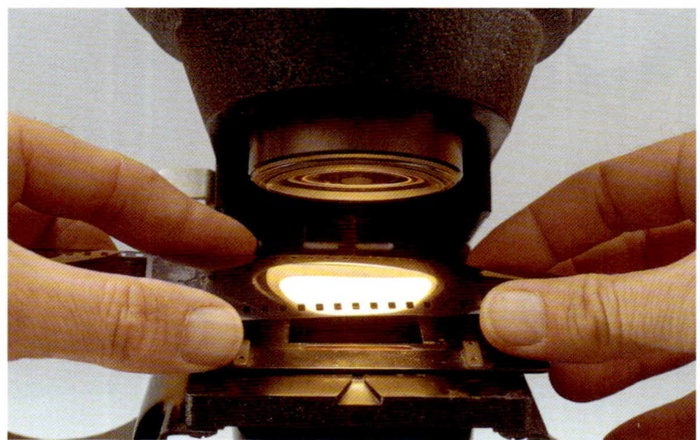

Abbildung 5.5: Dann legen Sie das Negativ auf dem Kopf stehend und mit der matten Seite nach unten in die Negativbühne des Vergrößerers ein.

Nach dem Einstellen von Bildausschnitt und Schärfe bei – wichtig! – geöffneter Blende wird das Vergrößerungsobjektiv um mindestens zwei Stufen abgeblendet. Dann stellen Sie eine ungefähre Belichtungszeit an Ihrer Schaltuhr ein (ich beginne meistens mit 10 Sekunden) und legen das erste Fotopapier in den Vergrößerungsrahmen ein. Aber welches?

Grundsätzlich stehen Ihnen zur Steuerung des Aussehens Ihrer Vergrößerung zwei Parameter zur Verfügung, nämlich **Helligkeit** und **Kontrast**. Ihre Vergrößerung ist also entweder zu hell, zu dunkel oder genau richtig und Ihr Kontrast dagegen entweder zu »zu hart« mit sehr starkem Weiß und Schwarz, »zu weich« mit eher grauem Weiß und Schwarz oder ebenfalls genau richtig.

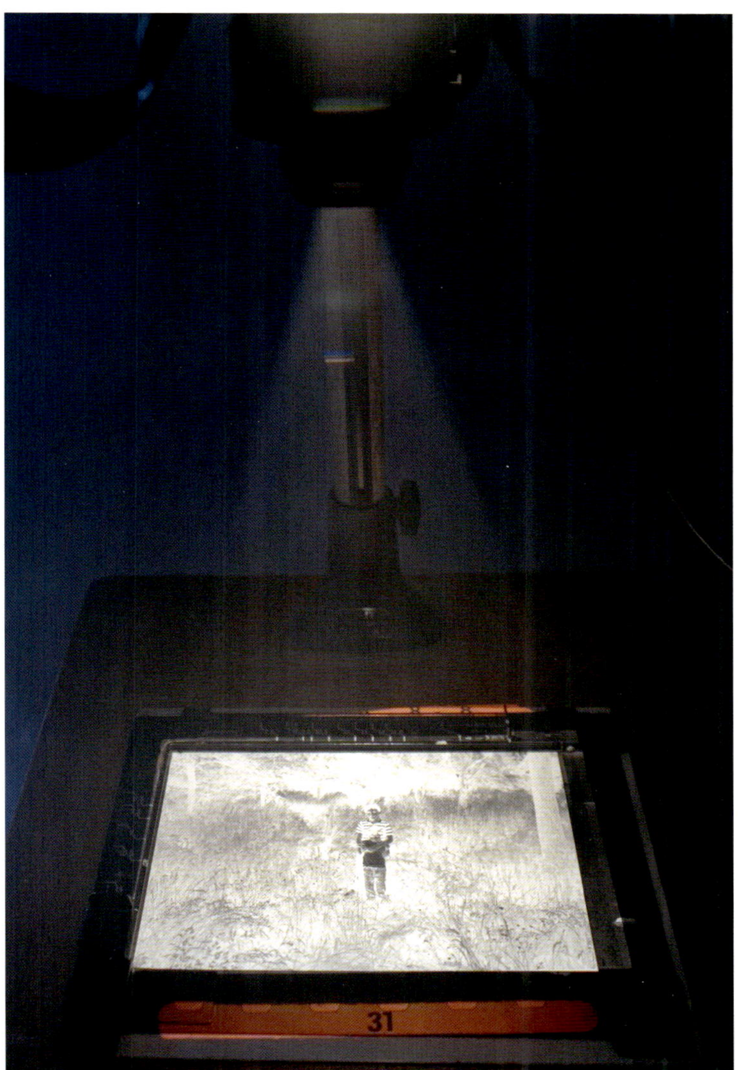

Abbildung 5.6: Das Negativ wird auf das Grundbrett des Vergrößerers projiziert. Nachdem Sie die Bildschärfe und den Bildausschnitt eingestellt haben, legen Sie das erste Blatt Fotopapier in den Vergrößerungsrahmen ein. Bei einem Negativ wie diesem ist eine mittlere Gradation vermutlich richtig. Sie beginnen also mit Gradation 2 ½ bei Multigradepapier und mit 2 oder »normal« bei Festgradationspapier.

Erst wenn Ihnen Helligkeit und Kontrast des Abzuges gefallen, haben Sie Ihre erste gute Vergrößerung gemacht. Um dahin zu kommen, müssen Sie so lange an Helligkeit und Kontrast arbeiten, bis Sie das gewünschte Ergebnis erzielt haben.

Die Helligkeit der Vergrößerung regeln Sie durch die Belichtungszeit und die Blende. Ist die Vergrößerung zu dunkel, benötigt sie weniger Licht. Sie schließen also die Blende oder verkürzen die Belichtungszeit. Ist sie zu hell, benötigt sie mehr Licht. Sie öffnen also die Blende oder verlängern die Belichtungszeit. Grundsätzlich ist es sinnvoll, eine einmal eingestellte Blende beizubehalten und die nötige Korrektur über die Zeiteinstellung vorzunehmen.

Den Kontrast bestimmen Sie über die Wahl des Papiers. Die Kontrasteigenschaft des Papieres wird »Gradation« genannt. Die Gradation wird normalerweise in Stufen von 0 bis 5 angegeben, Gradation 0 bezeichnet ein kontrastarmes und weich arbeitendes Papier, während Gradation 5 für ein kontrastreiches, hartes Papier steht. Die Werte 1 bis 4 bezeichnen die Härtegrade dazwischen. Für ein normal belichtetes und entwickeltes Negativ ist normalerweise die Gradation 2 oder 3 passend. Ein sehr hartes oder kontrastreiches Negativ vergrößern Sie auf einem weichen Papier, während Sie für ein sehr flaues, weiches Negativ ein hartes Papier verwenden. Das Ziel ist, dass Ihre Vergrößerung vom tiefen Schwarz bis zum hellsten Weiß die ganze Breite von ausgewogenen, differenzierten Grautönen enthält. Die endgültige Ausarbeitung ist natürlich Geschmackssache. Anfangs ist es aber auf jeden Fall sinnvoll, dieses Ideal anzustreben.

Es gibt Papiere mit fester und solche mit veränderbarer Gradation, die »Kontrastwandel-«, »Multikontrast-« oder »Multigradepapiere« genannt werden. Ihr Vorteil ist, dass Sie alle verfügbaren Gradationen in einer Packung vereint haben. Von den Papieren hingegen mit fester Gradation brauchen Sie für jede Gradation jeweils eine Packung.

Bei Kontrastwandelpapieren steuern Sie die Gradation mit einem Filtersatz. Die unterschiedlichen Filterfarben erzeugen dann die entsprechende Gradation. Diese Filter werden in eine Filterschublade im

Vergrößerer eingesetzt oder unter das Objektiv gehalten. Vergrößerer mit Farbmisch- oder Multigradekopf haben diese Filter bereits eingebaut und machen den zusätzlichen Filtersatz überflüssig. Der gewünschte Filterwert kann direkt am Vergrößerer eingestellt werden.

Die Wirkung von Gradation und Belichtungszeit

Bei zu langer Belichtungszeit:

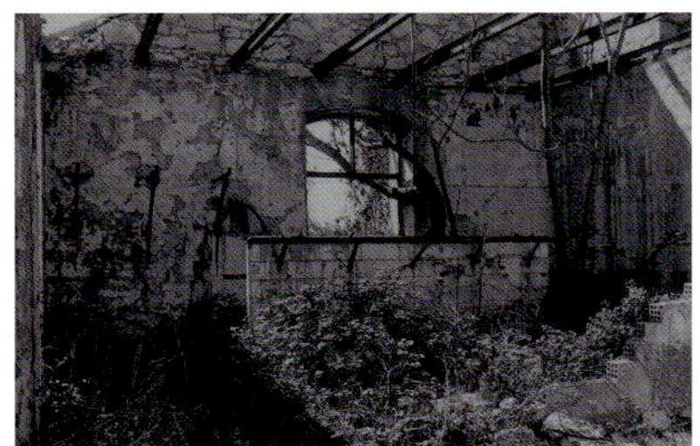

Abbildung 5.7: Gradation zu weich

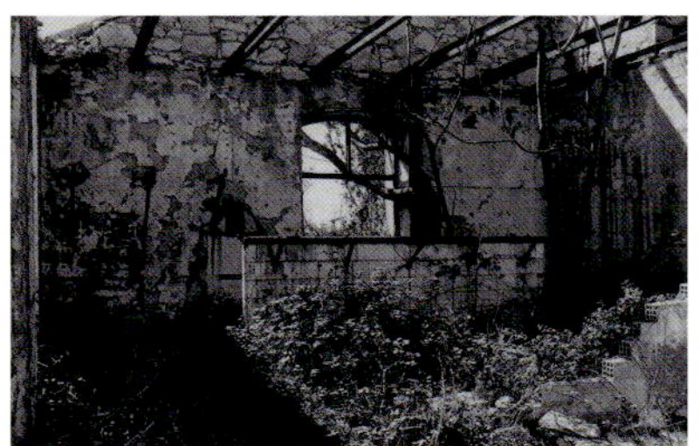

Abbildung 5.8: Gradation richtig

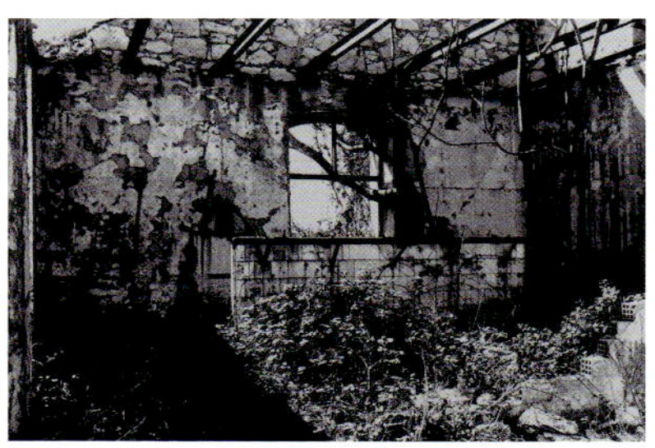

Abbildung 5.9: Gradation zu hart

Bei richtiger Belichtungszeit:

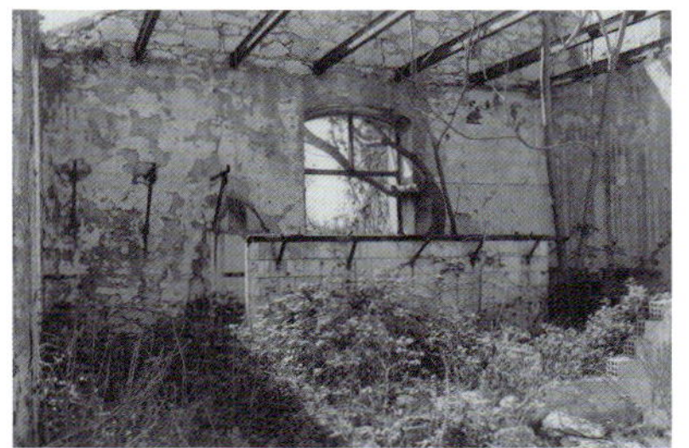

Abbildung 5.10: Gradation zu weich

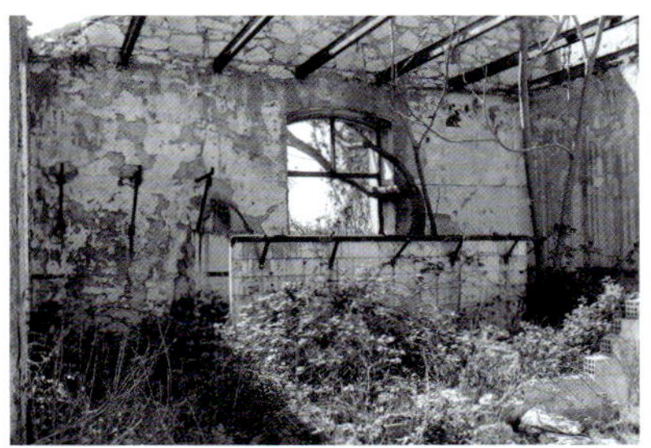

Abbildung 5.11: Gradation richtig

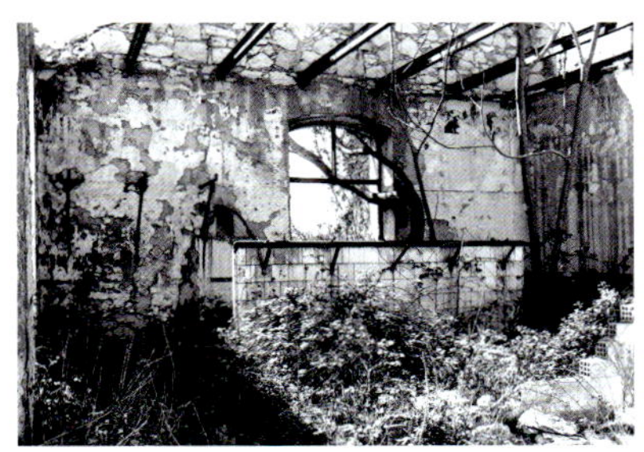

Abbildung 5.12: Gradation zu hart

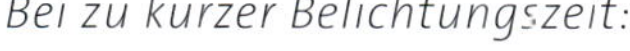

Bei zu kurzer Belichtungszeit:

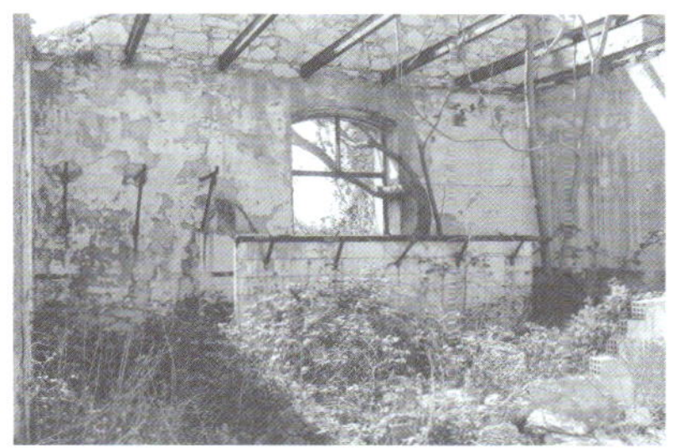

Abbildung 5.13: Gradation zu weich

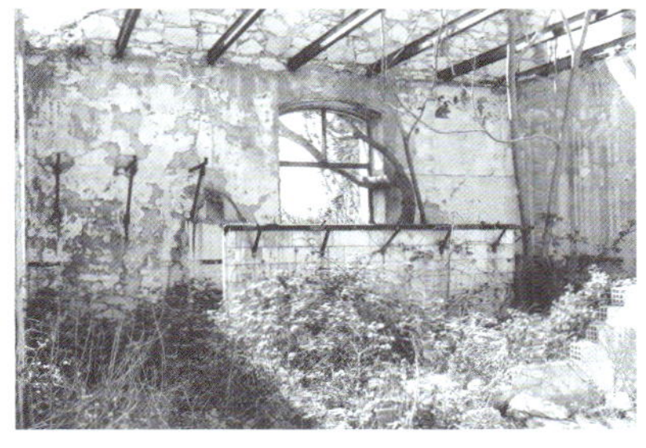

Abbildung 5.14: Gradation richtig

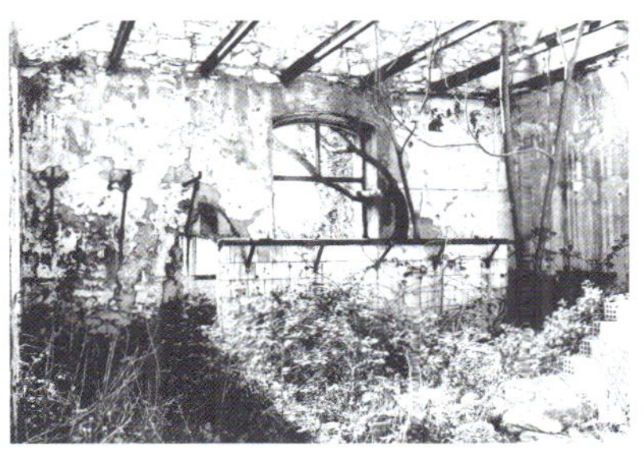

Abbildung 5.15: Gradation zu hart

Im Fotolabor ist Erfahrung hilfreich, diese erlangt man aber erst nach einer gewissen Zeit. Zu Beginn sind Sie darauf angewiesen, bei jedem neuen Negativ, das Sie vergrößern, die richtige Mischung aus Kontrast und Belichtung zu finden. Diese Suche kann durchaus frustrierend sein. Wenn Sie allerdings mit Ruhe und Konzentration bei der Sache bleiben, sehen Sie auch sehr schnell Fortschritte.

Das rote Dunkelkammerlicht verleitet unser Auge dazu, unsere Abzüge etwas zu kontrastreich zu sehen. Dafür kann das Auge nichts, es ist einfach so. Darum ist es wichtig, sogenannte »Probestreifen« zu erstellen, die Sie bei normalem Lampen- oder Tageslicht beurteilen. Um die Sache noch mehr zu erschweren, haben vor allem Barytpapiere einen mehr oder weniger starken Trocknungseffekt, der dazu führt, dass Ihre Vergrößerung im trockenen Zustand ein wenig »zusammenfällt«: Das trockene Bild ist etwas dunkler und weniger brillant als das nasse. Erst wenn Sie Ihre Papiere kennen und wissen, wie stark der Trocknungseffekt ausfällt, werden Sie mit der Zeit lernen, denselben bereits beim Vergrößern einzukalkulieren – damit Ihr fertiger Abzug am Ende so aussieht, wie Sie ihn haben wollen. Im Fotolabor haben Sie viele Freiheiten. Hauptsächlich geht es ja darum, ein Foto so zu vergrößern, wie Sie es gesehen haben, also herauszuarbeiten, weshalb Sie auf eine Szene reagiert und auf den Auslöser gedrückt haben und warum Sie sie als etwas Besonderes bewahren wollen.

FOTOPAPIERE

Da Sie ein Multikontrastpapier mit verschiedenen Gradationen belichten können, ergeben sich feinere Steuerungsmöglichkeiten bei der Ausarbeitung eines Bildes, die Ihnen Festgradationen nicht bieten.

Grundsätzlich haben Sie durch die Verwendung von Kontrastwandelpapieren mehr Möglichkeiten zur Beeinflussung Ihres Abzuges als mit Festgradationen. Zudem sparen Sie Geld, weil Sie davon nur eine Packung benötigen.

Einer Vergrößerung ist es allerdings nicht anzusehen, ob sie auf einem Fest- oder einem Multigradationspapier vorgenommen wurde. Insofern spielt es für Ihr Endergebnis keine Rolle, wofür Sie sich entscheiden.

Das zweite wichtige Unterscheidungsmerkmal bei Fotopapieren ist ihre Machart. Es gibt mit Kunststoff beschichteten PE-Papiere und Barytpapiere.

Die Kunststoffschicht der PE-Papiere verhindert das Eindringen der Fotochemikalien in die Papierschicht und führt dadurch zu sehr kurzen Verarbeitungszeiten. Hat man es eilig, kann man auf diesem Papier innerhalb von 10 Minuten einen Abzug anfertigen. Es gibt sie mit matter, halbmatter und glänzender Oberfläche. Getrocknet werden sie an der Luft oder mit einem Durchlauftrockner.

Das Barytpapier war vor der Erfindung der PE-Papiere Standard im Positivlabor. Der Name selbst bezeichnet eine Bindeschicht aus Bariumsulfat (auch »Baryt« genannt), die sich zwischen dem Papierfilz und der eigentlich lichtempfindlichen Schicht des Papiers befindet und dafür sorgt, dass sich auf den Vergrößerungen das Muster des Papierfilzes nicht mit abbildet. Barytpapiere benötigen deutlich längere Verarbeitungszeiten und sind in den Oberflächen matt und glänzend zu erhalten.

Glänzendes Barytpapier wird erst durch die Trocknung hochglänzend. Hierfür muss es nass mit der Bildseite auf eine glatte Fläche gepresst werden. Das kann eine Glasscheibe, ein Spiegel oder die verchromte Oberfläche einer Heißtrockenpresse sein. Ist das Bild getrocknet, löst es sich von selbst wieder ab. Keinesfalls sollte man versuchen, es zuvor zu lösen, denn dadurch können unschöne Brüche in der Oberfläche entstehen.

Lässt man glänzendes Barytpapier trocknen, ohne die Bildseite anzupressen, bekommt das Bild eine sehr schöne, seidig glänzende Oberfläche. An der Luft getrocknetes Barytpapier, besonders das papierstarke, wellt sich nach dem Trocknen allerdings mehr oder weniger. Um es wieder plan zu bekommen, muss es gepresst werden. Das geht mit Geduld unter einem Stapel Bücher, schneller allerdings mit einer beheizbaren Trockenpresse.

Der Vorteil des PE-Papieres ist die unkomplizierte und schnelle Verarbeitung, der Nachteil dagegen die plastikartige Anmutung und die geringere Haltbarkeit.

Der Vorteil des Barytpapiers ist eine lange Haltbarkeit (die richtige Verarbeitung einmal vorausgesetzt) und die schöne Haptik – man hat das Gefühl, etwas Echtes in Händen zu halten. Die komplizierte und langwierige Verarbeitung stellt wiederum einen Nachteil dar.

Für den Anfang empfehle ich unbedingt die Benutzung von PE-Papier. Sie wollen ja zunächst die Grundlagen lernen und ausprobieren, auf welche Weise Sie zum gewünschten Aussehen Ihres Abzuges kommen. Die Beeinflussungsmöglichkeiten mittels Belichtung und Kontrast sind bei beiden Papiersorten weitgehend identisch. Das PE-Papier erleichtert aber die Weiterverarbeitung ungemein und ist in der Regel auch preiswerter. Das macht es zum idealen Begleiter Ihrer ersten Gehversuche in der Dunkelkammer.

Einen Probestreifen belichten

Nachdem Sie Ihr Negativ auf dem Kopf stehend und mit der matten Seite nach unten in die Bildbühne eingelegt haben, müssen Sie den benötigten Kontrast und die richtige Belichtungszeit ermitteln. Hierfür belichten Sie ein Fotopapier normaler Gradation durch teilweises Abdecken mit einem Stück Karton in jeweils 2 Sekundenschritten. Sie zählen »einundzwanzig, zweiundzwanzig« und ziehen den Karton schließlich in diesen Schritten weiter bis zum Ablauf der Belichtungszeit.

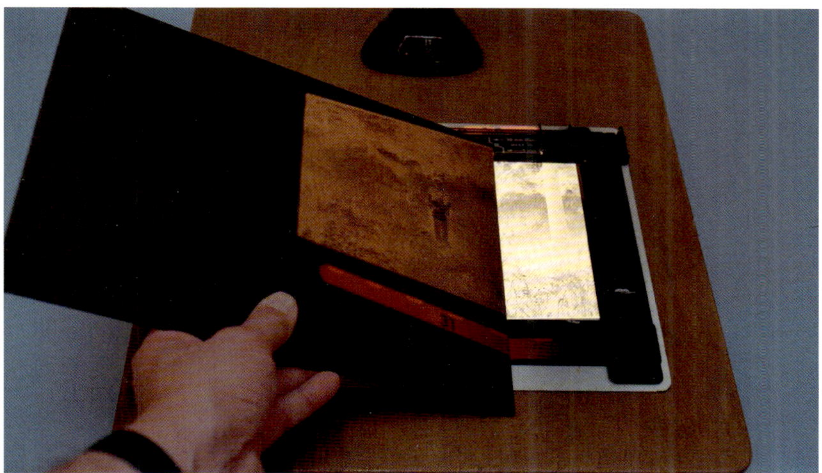

Abbildung 5.16: Zur Ermittlung der passenden Belichtungszeit wird ein Probestreifen erstellt, d. h., das Fotopapier wird mit Hilfe eines Kartons abschnittsweise in zwei Sekundenschritten belichtet (hierzu reichen Ihnen oft breitere Streifen, die Sie aus einem Blatt Fotopapier schneiden). Bei einer Belichtungszeit von insgesamt 10 Sekunden werden Sie nach der Entwicklung das Aussehen der Zeiten 2, 4, 6, 8 und 10 Sekunden beurteilen können.

Haben Sie den Probestreifen entwickelt, gibt er Ihnen Aufschluss darüber, wie Belichtungszeiten von 2, 4, 6, 8 und 10 Sekunden aussehen werden, und mit ein wenig Glück wird bereits die richtige Belichtungszeit dabei sein.

Sind alle Belichtungen zu hell, müssen Sie das Ganze mit einer längeren Belichtungszeit oder einer größeren Blendenöffnung wiederholen. Sind sie zu dunkel, müssen Sie die Zeit verkürzen oder die Blende etwas schließen.

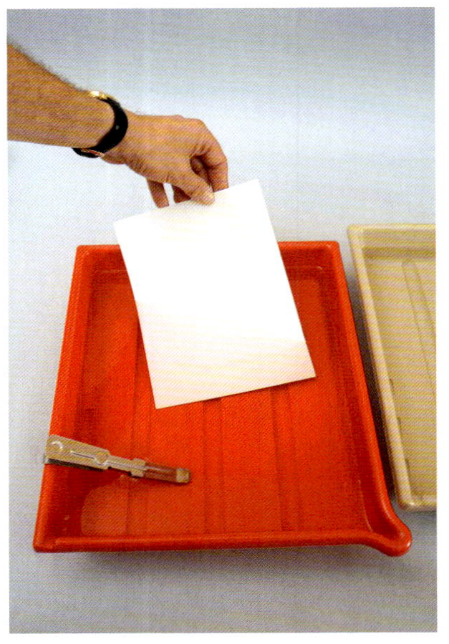

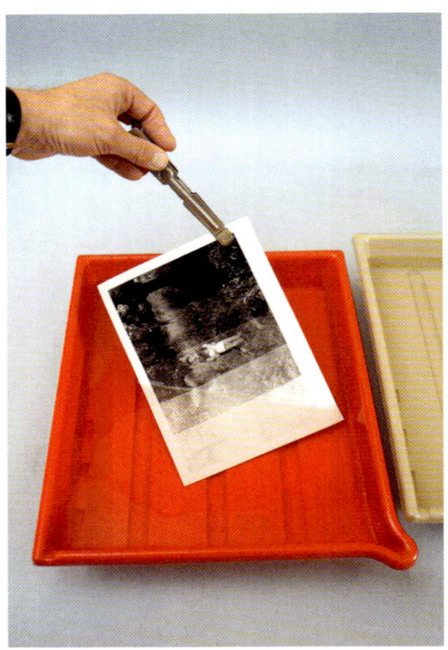

Abbildung 5.17: Die Probebelichtung wird im Entwicklerbad entwickelt. Dieser Vorgang darf nicht vorzeitig unterbrochen werden, da nur ein ausentwickeltes Fotopapier Aufschluss über Helligkeit und Kontrast gibt.

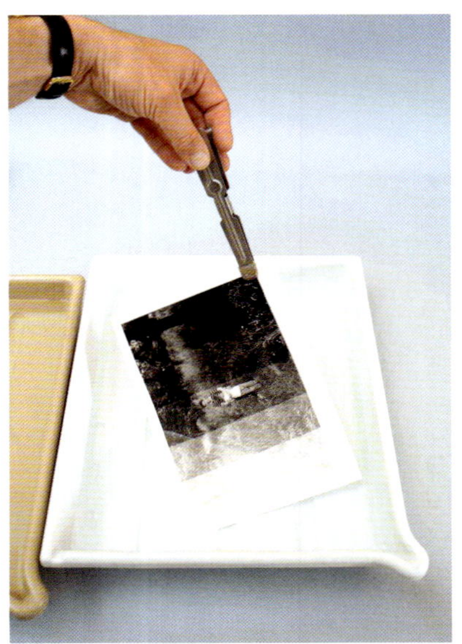

Abbildung 5.18: Nach einer kurzen Zwischenwässerung in saurem Stoppbad legen Sie das Papier in die Schale mit dem Fixierbad, kurz danach können Sie bereits Licht machen und die Vergrößerung beurteilen.

Haben Sie die richtige Belichtungszeit gefunden, widmen Sie sich dem gewünschten Kontrast. Hierzu belichten Sie kleine Streifen Fotopapier mit der ermittelten Zeit und mit unterschiedlichen Gradationen. Erscheint Ihnen Ihr Probestreifen zu flau oder zu grau ohne helle Lichter oder tiefe Schwärzen, so ist Ihre Gradation zu niedrig oder zu weich (siehe Abbildung 5.21). Sie müssen den nächsten Probestreifen also mit einer höheren Gradation belichten, zum Beispiel mit 3 statt mit 2.

Erscheint Ihnen Ihr Probestreifen in Weiß und Schwarz zu extrem mit wenig feinen Grautönen dazwischen, ist die Gradation zu hoch oder zu hart (siehe Abbildung 5.22). Sie sollten einen erneuten Versuch mit einer niedrigeren Gradation machen, zum Beispiel mit 1 statt mit 2.

Gefällt Ihnen die Helligkeit und der Kontrast Ihres Probestreifens, belichten Sie mit dieser Einstellung Ihr erstes Blatt Fotopapier. Dieses muss immer ausentwickelt werden (das gilt natürlich auch für die Probestreifen, weil nur ausentwickeltes Papier die tatsächlichen Kontrast- und Helligkeitsverhältnisse zeigt).

Die Entwicklungszeiten betragen bei PE-Papier gut 1 Minute, bei Barytpapier 2 1/2 bis 3 Minuten bei 20 °C. Während der Entwicklung sollten Sie das Bild im Bad immer wieder bewegen und wenden, um die Bildung kleiner Blasen zu vermeiden, die sich sonst als kleine Kreise später auf Ihrem Bild wiederfinden.

Manchmal wird Ihnen auffallen, dass Sie zwar die richtige Belichtung und Gradation gewählt haben, einige Partien des Bildes aber dennoch zu dunkel oder zu hell erscheinen. Diese Stellen können Sie gezielt abhalten oder nachbelichten. Zu dunkle Bereiche decken Sie während der Belichtung mit der Hand oder einer Schablone kurz ab (sogenanntes »Dodge«), zu helle Stellen belichten Sie zusätzlich nach (sogenanntes »Burn«).

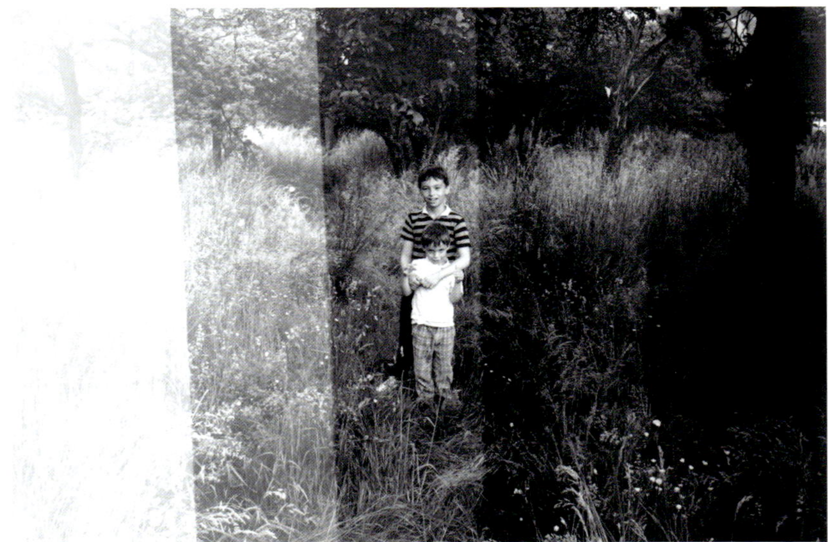

Abbildung 5.19: 2 Sek., 4 Sek., 6 Sek., 8 Sek., 10 Sek.

Der Probestreifen zeigt nun die Belichtungszeiten von 2-10 Sekunden. Sie wählen das am besten belichtete Segment aus – in diesem Fall sind es 6 Sekunden –, stellen Ihre Zeitschaltuhr darauf ein und belichten einen schmalen Probestreifen mit dieser Zeit und unveränderter Gradation.

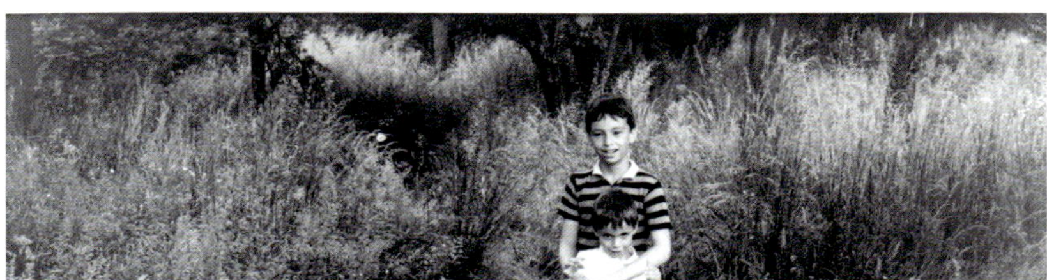

Abbildung 5.20: Probestreifen

Der Probestreifen entspricht in Kontrast und Helligkeit dem von Ihnen gewählten Segment in Ihrem Belichtungstest. Wenn Ihnen das Ergebnis gefällt, können Sie mit diesen Werten Ihre erste Vergrößerung machen. Für den Fall, dass Sie unzufrieden sind, machen Sie so lange weitere Probestreifen mit anderen Gradationen, bis Sie am Ziel sind. Nachfolgend einige Beispiele.

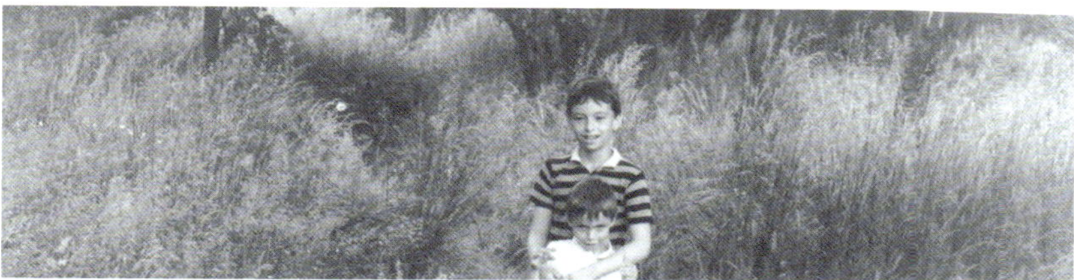

Abbildung 5.21: Zur Verdeutlichung der Herangehensweise ist hier derselbe Probestreifen mit Gradation 1 (weich) belichtet. Das Ergebnis ist deutlich zu grau.

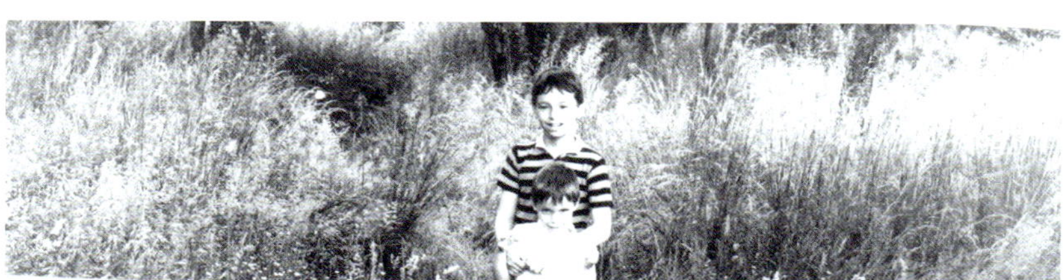

Abbildung 5.22: Ein weiterer Probestreifen mit Gradation 4 (hart) belichtet fällt deutlich zu kontrastreich aus.

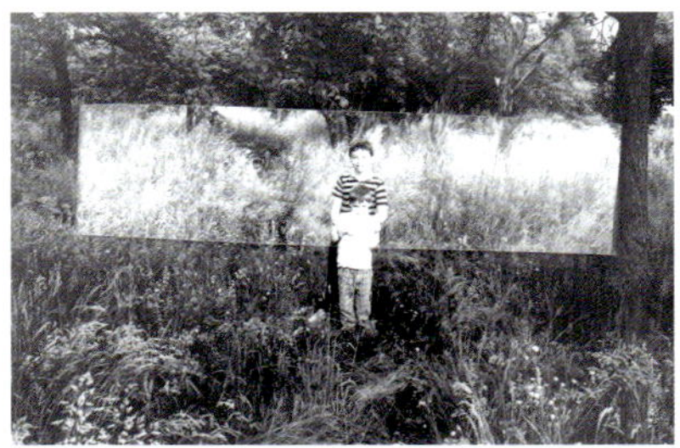

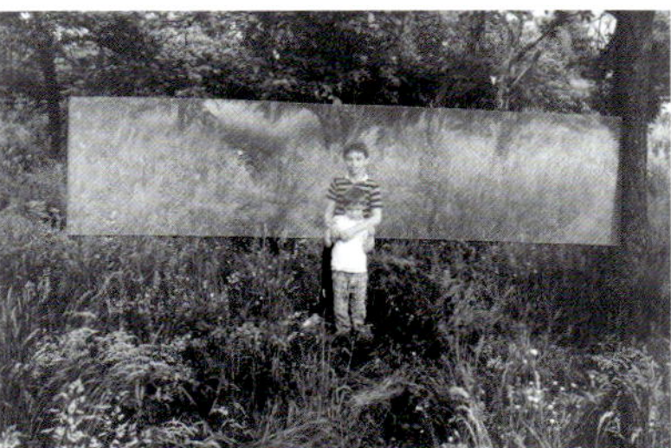

Abbildung 5.24: Dies wird auch deutlich, wenn man beide Probestreifen auf unser endgültiges Bild legt. Hier sind deutlich die Unterschiede zwischen den drei benutzten Gradationen zu sehen.

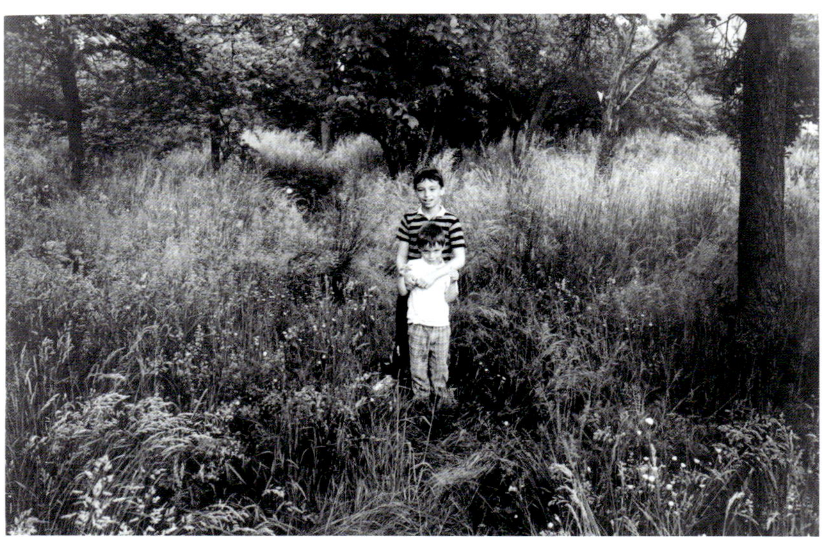

Abbildung 5.23: Offenbar lag ich also mit den ersten Versuchen genau richtig. Unser Bild benötigt Gradation 2 ½ bei 6 Sekunden Belichtungszeit.

Ist Ihre Vergrößerung ausentwickelt, wird sie mit der Entwicklerzange hochgehalten, damit der überschüssige Entwickler in die Schale abtropfen kann. Dann wird sie in das Stoppbad gelegt, wobei darauf zu achten ist, dass Ihre Entwicklerzange dieses nicht berührt.

Das Papier bleibt nur kurz im Stoppbad und wird mit der Fixierbadzange nach weiterem Abtropfen in den Fixierer gelegt (siehe Abbildung 5.18). Sie warten einen Moment, bis dieser zu wirken beginnt. Dann können Sie Licht machen und Ihr Bild beurteilen.

Hinweis

Denken Sie daran, dass nichts Lichtempfindliches wie etwa Fotopapier offen herumliegen sollte, wenn Sie das Licht einschalten. Schließen Sie die Schachtel mit dem Fotopapier am besten nach jeder Entnahme.

Es darf nicht zu kurz fixiert werden, leidet doch darunter die Haltbarkeit eines Bildes. Bei PE-Papieren wird eine Fixierzeit von mindestens einer Minute empfohlen, bei Barytpapieren muss man mit mindesten drei Minuten rechnen. Da eine etwas zu lange Fixage den Vergrößerungen keinesfalls schadet, rate ich dazu, eher großzügig zu fixieren und die Bilder währenddessen immer wieder zu bewegen.

Sie müssen darauf achten, dass das Fixierbad nicht zu sehr verbraucht wird, denn das schränkt die Haltbarkeit Ihrer Bilder ein. Fixierbad ist relativ preiswert und sollte regelmäßig erneuert werden, damit Sie nicht Monate oder Jahre später feststellen müssen, dass Ihre Bilder wegen einer ungenügenden Fixage kaputt gehen und Ihre Mühe im Labor umsonst war.

Dasselbe gilt uneingeschränkt für die anschließende Wässerung. Bestimmte Mindestzeiten sind auf jeden Fall einzuhalten, eine etwas zu lange Wässerung hingegen ist unschädlich. PE-Papier sollte für mindestens drei Minuten gewässert werden, Barytpapier benötigt mindestens zwei Stunden. Wie bei der Filmwässerung ist auch hier nicht die Menge des Wassers, sondern sein stetiger Austausch entscheidend. Der funktioniert umso besser, je öfter Sie die Vergrößerung im Wasser bewegen, sodass immer wieder frisches Wasser die Chemikalien, die sich noch im Papier befinden, auswaschen kann.

Nach der Wässerung trocknen Sie die Bilder. PE-Papier kann problemlos mit Klammern an einem Wäscheständer hängend oder auf Handtüchern ausgelegt trocknen (siehe Abbildung 5.25). Wer es eilig hat, benutzt einen Durchlauftrockner. Barytpapier kann ebenfalls an der Luft oder heiß in einer speziellen Trockenpresse getrocknet werden.

Abbildung 5.25: Nach dem Ende der Fixage, die auf keinen Fall zu kurz sein darf, wird das Bild gewässert und getrocknet.

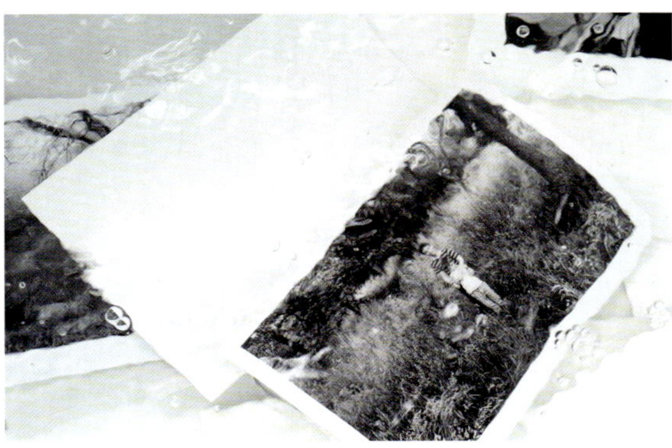

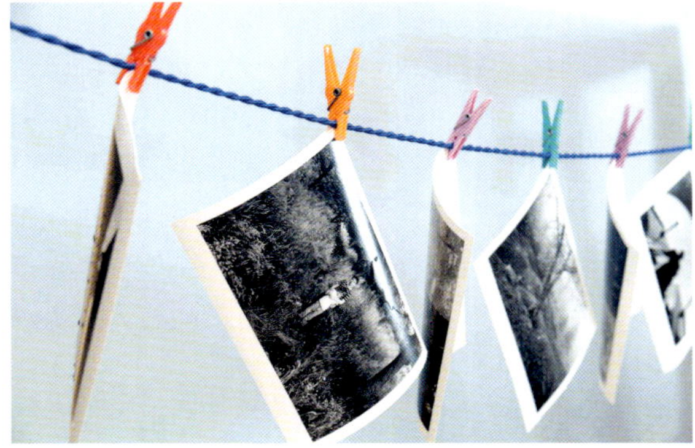

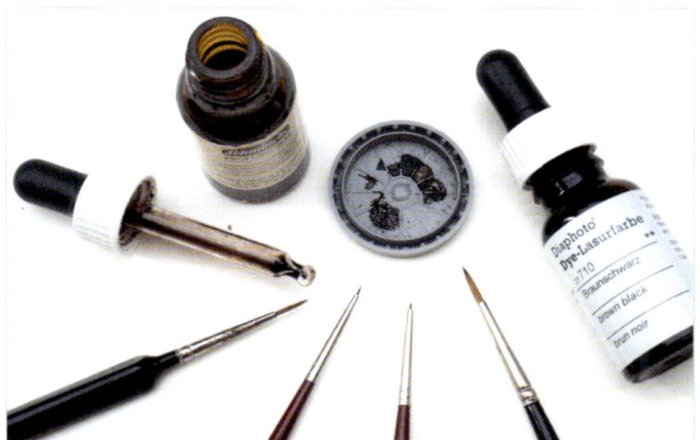

Abbildung 5.26: Beim letzten Schritt untersuchen Sie den fertigen Abzug auf Staub oder Flusen, die Sie mit vergrößert haben. Sie entfernen diese mit Eiweißlasurfarbe und einem feinen Pinsel.

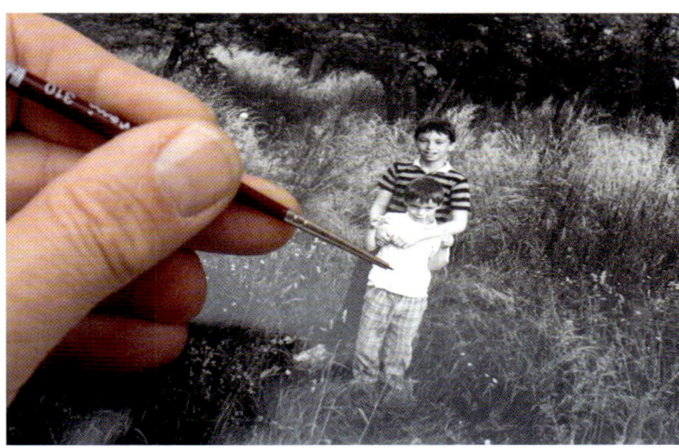

Nach dem Trocknen untersuchen Sie Ihre Bilder auf Staubkörner, Flusen oder andere Verunreinigungen, die beim Vergrößern entstehen können. Spätestens jetzt zahlt sich die Sorgfalt aus, mit der Sie Ihr Negativ in die Filmbühne eingelegt haben. Je gewissenhafter Sie hier bereits auf Fremdkörper geachtet haben, umso weniger Arbeit macht Ihnen das Ausflecken der Bilder.

Trotzdem werden Sie fast immer störende kleine Punkte finden, die Sie beseitigen wollen. Hierzu benötigen Sie schwarze Eiweißlasurfarbe und einen sehr feinen Borstenpinsel (siehe Abbildung 5.26). Beides können Sie beim Händler kaufen, der Sie mit Fotopapier und Chemie versorgt.

Für das Ausflecken füllen Sie wenige Tropfen der Farbe in ein kleines Behältnis (ich benutze dafür den Deckel eines Filmdöschens), feuchten den Pinsel leicht an, nehmen nur ganz wenig Farbe auf die Pinselspitze und versuchen sich zuerst an einem schlechten Abzug, damit Sie die Technik erlernen und die Wirkungsweise der Farbe verstehen.

Meistens werden Sie es mit weißen kleinen Punkten (Staubpartikeln), kleinen Flusen oder Härchen zu tun haben, die Sie so lange vorsichtig mit der Pinselspitze betupfen, bis sie nahezu verschwunden sind. Aus einem etwas größeren Betrachtungsabstand wird von dieser Arbeit, ist sie gut gemacht, nichts mehr zu erkennen sein. Da die Eiweißlasurfarbe sehr schnell in die fotografische Schicht einzieht, lässt sie sich kaum noch korrigieren, wenn man zu viel davon aufgetragen hat. Sie sollten also sehr vorsichtig und sparsam damit umgehen und eine betreffende Stelle besser mehrfach mit einem helleren Grauton betupfen, als einen einzelnen zu dunklen Punkt zu setzen, der sich nicht mehr entfernen lässt.

Mit der schwarzen Farbe lassen sich durch Verdünnung alle benötigten Grautöne erzielen, auch die hellsten. Altgediente Fotolaboranten verdünnen die Farbe im Mund, man kann dazu aber auch ein kleines, mit Wasser gefülltes Schälchen benutzen. Der gewünschte Grauton wird immer auf dem Pinsel gemischt. Keinesfalls verdünnen Sie Ihre Farbe direkt.

Erst wenn Sie genügend Übung haben, sollten Sie sich an Ihre guten Vergrößerungen wagen.

Dies ist der letzte Arbeitschritt für eine gute Vergrößerung, und viele Fotografen hassen ihn, weil er ganz zuletzt die Penibilität, die man bei der analogen Fotografie benötigt, auf die Spitze treibt.

Wenn Sie schließlich aber auch diese Hürde gemeistert haben, werden Sie sehen: Es war es wert!

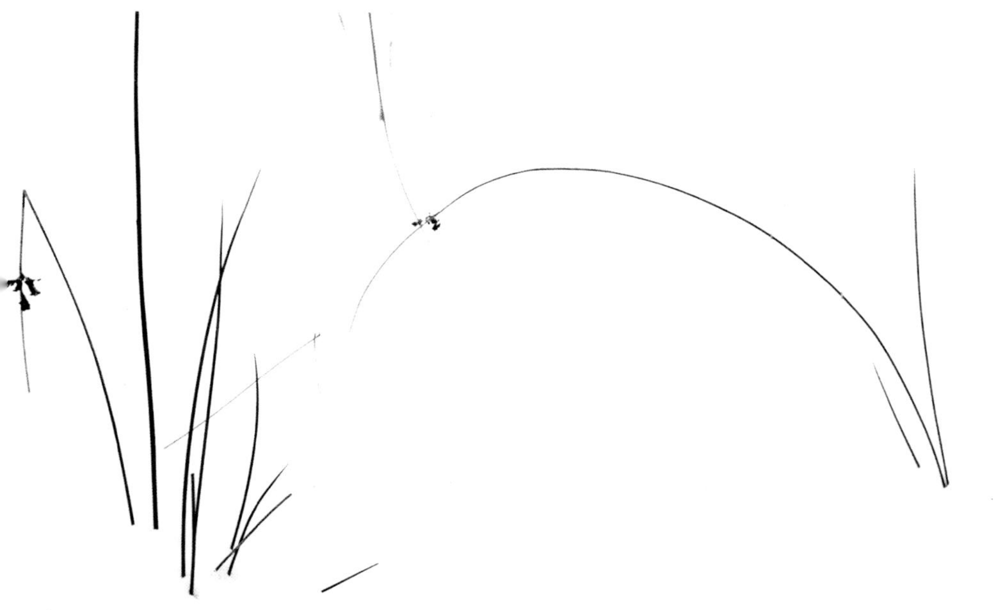

dung 5.27: Schnee im Spessart, 2010. Nikon, 50 mm, Agfapan APX 100

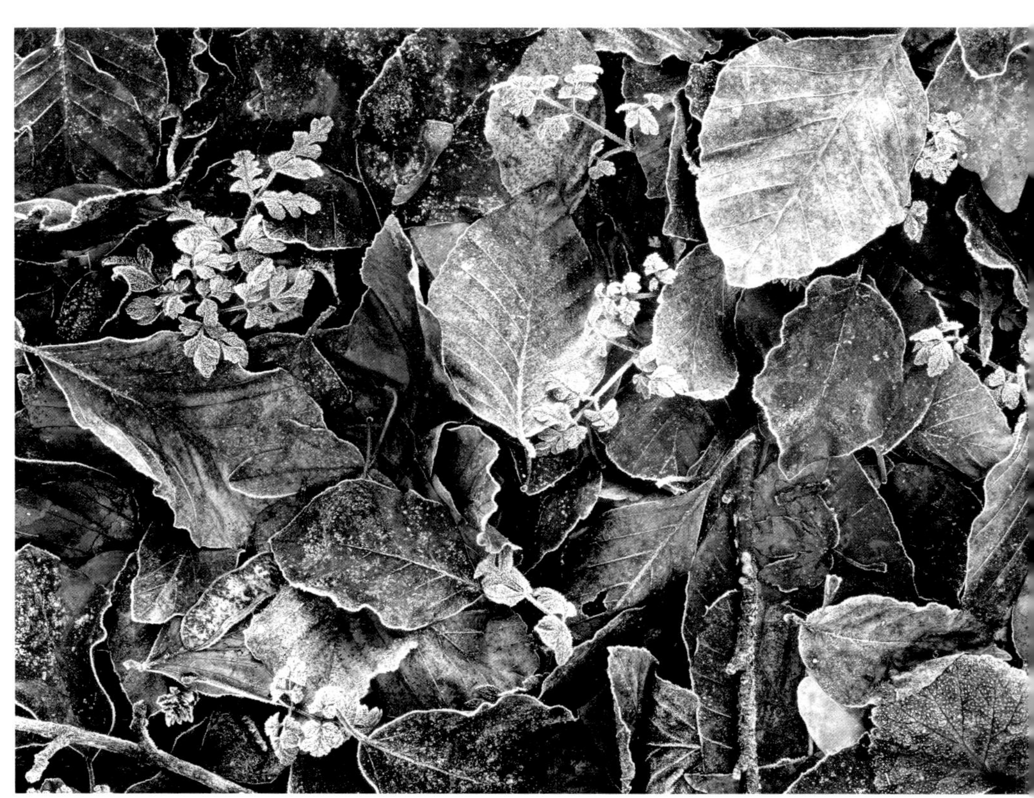

Abbildung 5.1: Raureif bei Aschaffenburg, 2004. Linhof Technika, 150 mm, Ilford FP4

6

ANHANG

EINKAUFSLISTE FÜR DIE ANALOGE FOTOGRAFIE

Die Ausgaben für analoge Fotografie können recht überschaubar gehalten werden, wenn Sie sich für Ihre Anschaffungen auf dem Gebrauchtmarkt umsehen. Vermutlich werden die Kamera und der Vergrößerer die teuersten Posten sein, wobei auch diese bei geduldiger Suche für moderate Preise erstanden werden können.

Neu kaufen sollten Sie auf jeden Fall das Verbrauchsmaterial wie Filme, Fotopapier und Chemie. Abgelaufene Filme taugen oft nur noch zum Testen von Kameras und Objektiven. Es wäre zu schade, ein gutes Bild mit einem beschädigten, abgelaufenen Film kaputt zu machen. Deswegen sollten Sie bei Filmen auf das Ablaufdatum achten. Das gilt nicht für tief gefrorene Filme, denn der Alterungsprozess stoppt im Augenblick des Einfrierens. Daher können solche Filme, auch wenn ihr Ablaufdatum bereits Jahrzehnte zurück liegt, nach dem Auftauen ohne Bedenken benutzt werden.

Überlagertes Fotopapier nutzt Ihnen gar nichts, nicht einmal für Lernversuche, denn meistens hat es an Kontrast verloren und ist zusätzlich grau verschleiert. Die Mühe, damit zu vergrößern, sollten Sie sich also sparen. Es ist reine Zeitverschwendung.

Entwickler und Fixierer in Pulverform sind nahezu unbegrenzt haltbar. Flüssige Chemie altert aber und kann ihre Wirksamkeit verlieren. Übertriebene Sparsamkeit in diesem Punkt wäre also fahrlässig.

Sind Sie einmal mit allen nötigen Geräten ausgestattet, bleiben in der Zukunft nur noch die Ausgaben für Filme, Papier und Chemie.

Was Sie unbedingt brauchen:

Für die Aufnahme:

- eine Kamera mit Objektiv und entsprechenden Schwarzweißfilmen

Für die Filmentwicklung:

- eine Entwicklungsdose mit Spiralen
- eine Flasche für Entwickler, eine für Fixierer
- zwei Messbecher oder Mensuren zum Ansetzen von Entwickler und Fixierer (die Mensuren werden auch für die Positivchemie benutzt)
- Schwarzweiß-Negativentwickler, flüssig oder als Pulver
- Fixierbadkonzentrat, flüssig oder als Pulver (wird auch beim Positivprozess benutzt, allerdings in einer anderen Verdünnung)
- Netzmittel
- Filmklammern zum Trocknen der Filme
- eine Dose Schutzgas wie Protectan (wird auch für den Positiventwickler benutzt)
- einen Wechselsack, sollte ein verdunkelbarer Raum fehlen
- einen Filmrückholer für den Fall, dass der Filmanfang in der Dose verschwunden ist
- ein Thermometer, eine Uhr, einen Trichter und eine Schere

Für die Dunkelkammer:

- einen Vergrößerer mit Objektiv
- einen Vergrößerungsrahmen
- eine Belichtungsschaltuhr
- eine Dunkelkammerleuchte
- Schwarzweiß-Fotopapier
- drei Schalen und zwei Zangen
- eine Flasche für Entwickler, eine für Fixierer
- Positiventwickler
- Fixierer
- saures Stoppbad

Für die Nachbearbeitung:

- schwarze Eiweißlasurfarbe und einen sehr feinen Haarpinsel
- eine Heißpresse zur Trocknung oder Glättung von Barytpapier

EIN UNIVERSELLES REZEPT FÜR DIE ENTWICKLUNG VON SCHWARZWEISSFILMEN

Der Markt für Filme und Negativentwickler ist relativ groß und für Einsteiger dadurch schwer zu überschauen. Zwar möchte ich grundsätzlich keine bestimmten Marken empfehlen – allerdings gibt es einen Entwickler, der so vielseitig verwendbar, unproblematisch in der Anwendung und langlebig ist, dass ich ihn hier erwähnen möchte. Kodak D-76 wird als Pulver für 1 oder 3,8 Liter Ansatz geliefert und lässt sich als unverdünnter Mehrfachentwickler oder in einer Verdünnung von 1+1 oder 1+3 als Einmalentwickler nutzen.

Die Ergebnisse, die sich damit erzielen lassen, sind tadellos. Seit Jahrzehnten bedienen sich viele Fotografen dieses Entwicklers für die unterschiedlichsten Filme, können doch mit ihm sehr feinkörnige und ausgeglichene Negative produziert werden.

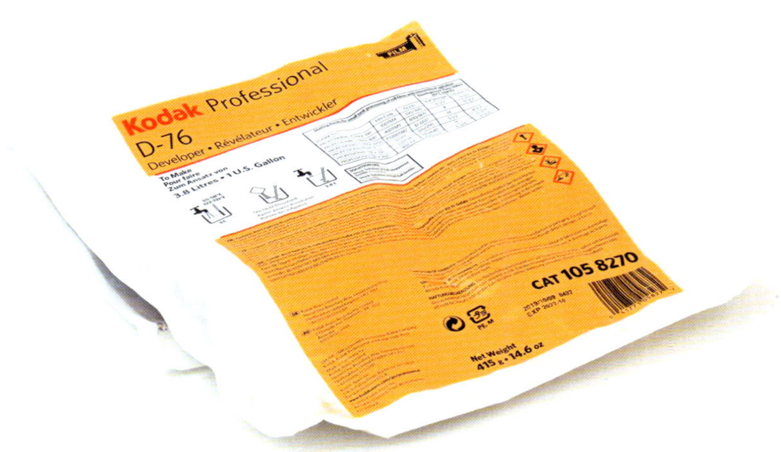

Obendrein können verschiedene Filme gleichzeitig entwickelt werden, weil alle ungefähr dieselbe Entwicklungszeit benötigen: Mit 10 Minuten in einer Verdünnung von 1+1 bzw. 20 Minuten in einer Verdünnung von 1+3 bei einer Temperatur von 20° und einem Kipprhythmus von 1× pro Minute liegt man bei sehr vielen Filmen richtig.

Auch für einem Film, von dem man nicht weiß, wie man ihn entwickeln soll (weil er zum Beispiel in einer gebrauchten Kamera gefunden wurde), ist diese Rezeptur zu empfehlen.

Manche Filme benötigen eine geringe Zeitkorrektur um wenige Minuten nach oben oder unten. Diese Unterschiede sind aber relativ klein, und selbst wenn sie nicht beachtet werden, liefert diese »Standardentwicklung« in fast allen Fällen noch gut vergrößerbare Negative.

Die Kombination aus Kodak D-76 und Kodak TRI-X-Film war Jahrzehnte lang eine beliebte Kombination vieler Fotografen. Der Entwickler harmoniert aber mit fast allen Filmen gut. Dazu ist er preiswert und sehr ergiebig.

SCHNELLCHECK FÜR GEBRAUCHTE KAMERAS UND OBJEKTIVE

Läuft Ihnen durch glückliche Fügung eine gebrauchte Kamera unerwartet über den Weg, haben Sie meistens nicht die Zeit, sie einer ausgiebigen Prüfung mit Film zu unterziehen. Beim Händler im Laden geht das vielleicht noch auf die Gefahr hin, dass sie ein anderer kauft, während Sie auf den entwickelten Film warten. Auf dem Flohmarkt oder auf einer Fotobörse allerdings müssen Sie sich schnell entscheiden. Sie sollten daher in der Lage sein, eine Kamera und ihr Objektiv innerhalb weniger Minuten auf ihre Funktionalität hin zu überprüfen.

Testen Sie nach den folgenden Kriterien:

- Alle Bedienungselemente sollen sich leicht und spielfrei bewegen lassen. Dies gilt auch für den Blenden- und Entfernungsring des Objektivs.
- Kameras, die muffig nach Keller oder Dachboden riechen, sind prinzipiell mit Vorsicht zu genießen.
- Der Sucher sollte klar, sauber und staubfrei sein. Er muss bei auf unendlich eingestelltem Objektiv ein weit entferntes Objekt scharf zeigen. Bei Messsucherkameras müssen die Felder des Entfernungsmessers deckungsgleich sein.
- Der Zustand der Lichtdichtung wird bei geöffneter Kamerarückwand überprüft. Sie darf nicht klebrig oder porös sein. Das gilt auch für den Spiegeldämpfer unterhalb der Mattscheibe bei Spiegelreflexkameras. Diese Teile sind allerdings leicht zu ersetzen und sollten Sie nicht vom Kauf einer ansonsten guten Kamera abhalten.
- Gleichzeitig werfen Sie – so vorhanden – einen Blick auf den Schlitzverschluss. Dieser besteht entweder aus Stoff oder aus Metalllamellen und sollte weder löchrig noch verknittert noch verbogen sein.

- Alle vorhandenen Verschlusszeiten sollten plausibel ablaufen.
- Generell ist bei jeder Kamera darauf zu achten, dass das Batteriefach nicht durch ausgelaufene Batterien beschädigt wurde.
- Die Funktionen elektronisch gesteuerter Kameras kann man nur mit eingelegter Batterie beurteilen.
- Die Anzeigen des Belichtungsmessers im Sucher können ebenfalls nur mit Batterie geprüft werden. Zeiger oder Leuchtdioden dürfen nicht springen oder hüpfen, und alle vorhandenen Anzeigen sollten funktionieren und plausible Werte anzeigen.
- Besitzt das Objektiv eine automatische Springblende, muss sich diese verzögerungsfrei schließen und wieder öffnen. Dasselbe gilt für die Lamellen von im Objektiv eingebauten Zentralverschlüssen.
- Objektive sollten sauber und kratzerfrei sein. Einen Belag im Inneren des Linsensystems erkennt man am besten, indem man mit einer Lampe direkt in das Objektiv leuchtet.

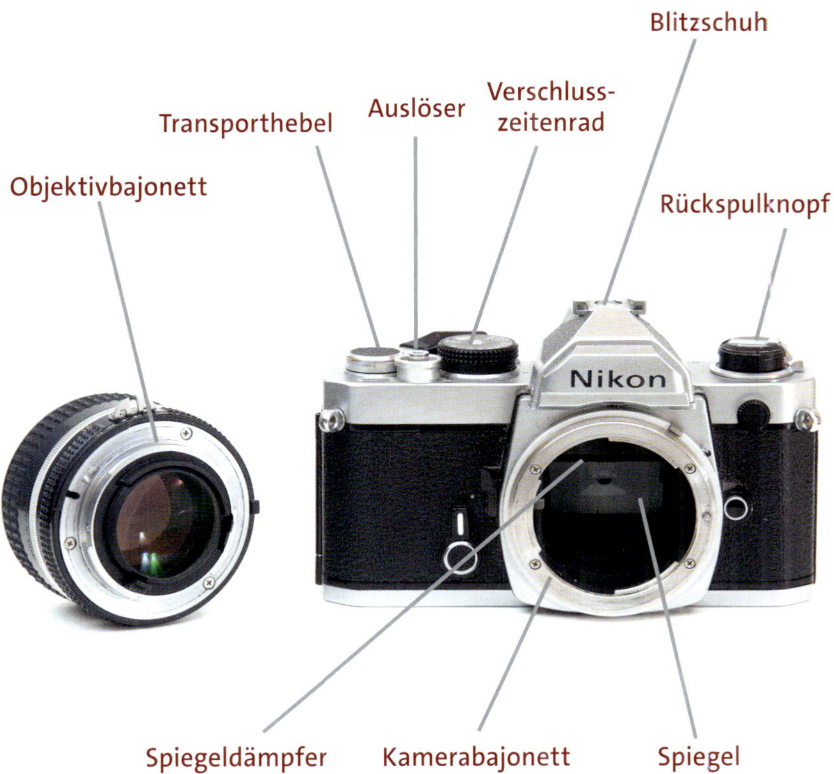
Blitzschuh
Verschluss-
zeitenrad
Auslöser
Transporthebel
Objektivbajonett
Rückspulknopf
Nikon
Spiegeldämpfer
Kamerabajonett
Spiegel

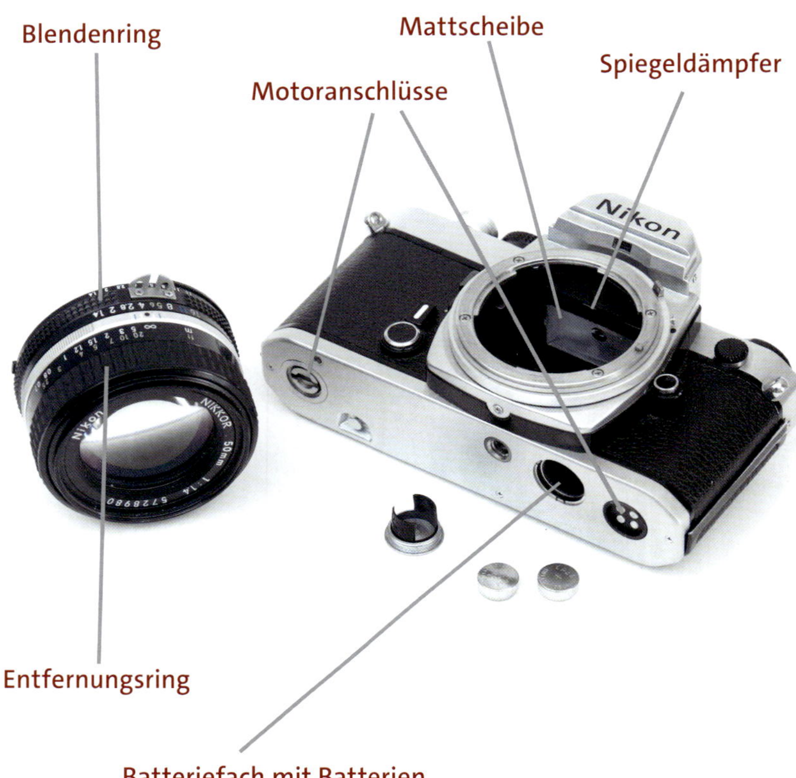
Blendenring
Mattscheibe
Spiegeldämpfer
Motoranschlüsse
Entfernungsring
Batteriefach mit Batterien

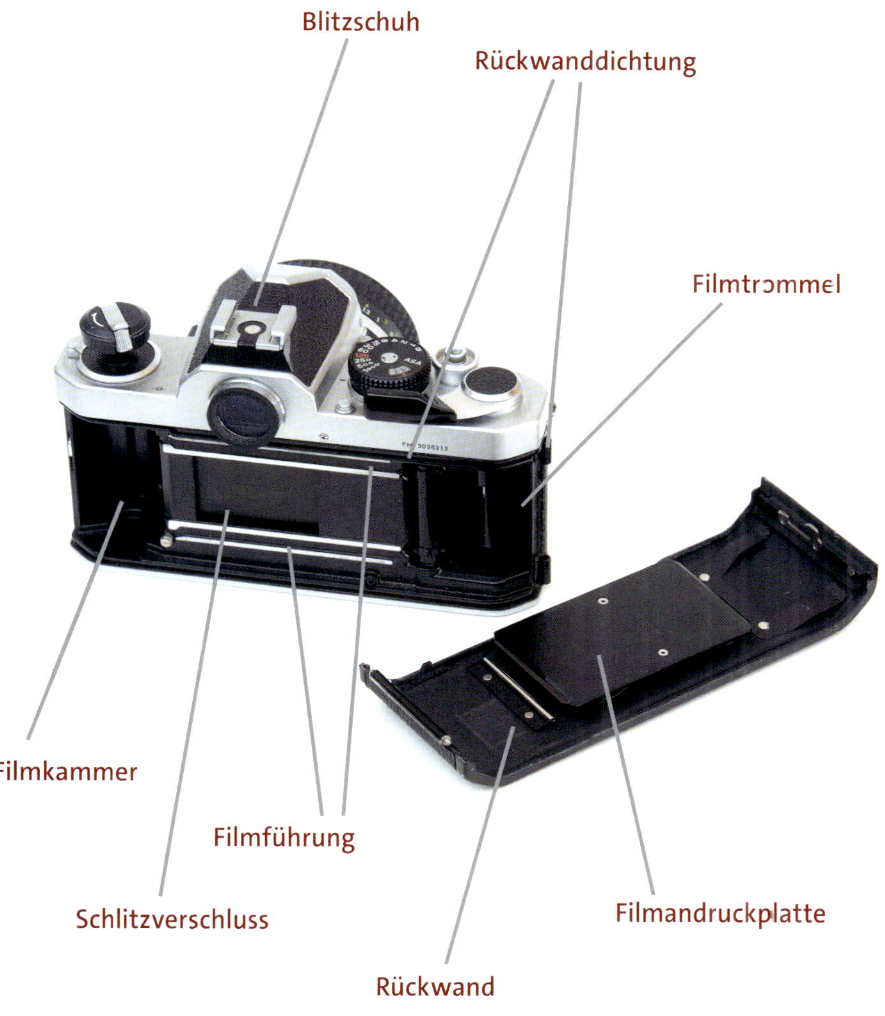
Blitzschuh
Rückwanddichtung
Filmtrommel
Filmkammer
Filmführung
Schlitzverschluss
Filmandruckplatte
Rückwand

INDEX

A

B

G

L

M

N

O

P

R

S